KB267651

나부끼는 깃발은
사랑이었노라

나부끼는 깃발은 사랑이었노라

초판 1쇄 발행 2019년 2월 1일

지 은 이　이옥진
발 행 인　권선복
편　　집　유수정
디 자 인　서보미
전 자 책　서보미
발 행 처　도서출판 행복에너지
출판등록　제315-2011-000035호
주　　소　(07679) 서울특별시 강서구 화곡로 232
전　　화　0505-613-6133
팩　　스　0303-0799-1560
홈페이지　www.happybook.or.kr
이 메 일　ksbdata@daum.net

값 15,000원
ISBN 979-11-5602-691-4　(03230)

나부끼는
깃발은
사랑이었노라

이옥진 지음

도서출판 행복에너지

저녁 8시. 거실에 있는 전화벨이 울렸다.

"사아모님~ 나예요."

가슴이 철렁했다. 숙제를 못 했는데 들켜버린 아이처럼 당황스러웠다. 오랫동안 병상에 있던 자매님이 전화를 했다. 그 목소리 또한 아이처럼 조금 어눌하였다.

"사모님, 이 년 만에 집에 돌아왔어요. 우리 집에 놀러 오세요."

"자매님, 자주 찾아가지 못해서 죄송해요. 정말 죄송해요."

그동안 내가 아프다고 핑계 삼아 오랫동안 가지 못했다. 미안함과 반가움이 뒤섞인 채 한참을 이야기하였다. 자매님은 이 년 전에 병상에 눕게 되었다. 경희대 한방병원에서 만난 자매님은 나를 만나고 하염없이 울었다.

귀에 꼭 붙인 수화기 너머에서 자매님이 말했다.

"사모님, 나는 내가 왜 이런 병에 걸리게 되었는지 이
해할 수 없고 용납할 수 없었어요. 밖에는 출입할 수 없
지만 이제는 감사합니다. 내가 부르는 찬송이 있어요.
'내일 일은 난 몰라요. 하루하루 살아요. 불행이나 요행함도
내 뜻대로 못 해요.' 이 찬송을 부른답니다."

"아, 네."

"이제는 주님이 부르시면 기쁘게 갈 수 있어요. 이만큼
인도하신 걸 감사드려요. 감사한 마음으로 살아갈 수 있
을 것 같아요."

자매님은 범사에 감사하라는 성경 말씀대로 살고 있다
고 생각되었다. 범접할 수 없는 믿음과 자유로움이 있다
고 느껴졌다. 극한의 슬픔은 세월이 지나며 정화되고 희석
된다. 거기에 믿음이 더해지고 연륜이 더해지면 그 고통이
순수한 정금같이 나를 만들고 있노라고 말할 수 있다. 우

리 동네 강변 카페에 앉아서 햇빛이 만들어내는 강물 위의 윤슬을 보면 이렇게 행복해도 되는가 싶다. 슬픔은 손으로 잡을 수 없고 행복도 손으로 잡을 수 없다. 그것들은 형체도 없이 우리 속에 들어와 나를 만들어간다.

슬픔은 천천히 내 곁을 지나간다. 기쁨은 그 속도로 내 곁을 지나간다. 모든 사람은 이 두 가지가 얽혀진 채로 살아가고 있다. 내 안에서 기쁨의 실타래 하나, 슬픔의 실타래 하나가 날줄과 씨줄이 되어 엮인다. 그 실은 옷감을 만들고, 옷감은 옷을 만든다. 내 몸에 꼭 맞는 옷으로 지어진다. 누구라도 마찬가지일 것이다. 자신의 인생에는 슬픔만 있었다고 말할 수 없고, 또한 기쁨만 있었다고도 말할 수 없을 것이다.

잊지 말아야 할 점은 하나님의 존재다. 하나님은 모든 순간에 계신다. 형통한 날에는 기뻐하되 역경을 당하는 날에는 깊이 생각하라고, 하나님은 말씀하셨다. 형통한 날에는 기뻐할 수 있다. 역경을 당하는 날에는 깊이 생각하라고 하셨다. 하지만 그 생각이라는 게 참 어렵다. 대부분의 사람들은 생각하는 대신 원망과 불평을 한다. 사람은 무언가를 하지 않으면 잠시도 견딜 수 없으니까. 생각의 물꼬는 오랫동안 방황한 끝에 겨우 트이는 법이다.

이곳에서 목사의 아내로 산 지 이십오 년이 훌쩍 넘었다. 그간 울고 웃는 일이 많았다. 누군가 아프다고 하면 내가 아픈 것 같다. 마음이 무거워지고 잠도 설치게 된다. 누군가 어려우면 내가 어찌할 바를 모른다. 누군가 기뻐하면 나도 정말 기쁘다. 내 일처럼 기쁘다. 서로를 비난하면 내 자식이 싸우는 것처럼 속상하다. 그러다가 서서히 깨닫게 되었다. 주변 사람들의 기분 상태에 따라 나의 마음 역시 동요한다는 것을 말이다. 그것은 마치 부모의 마음 같다. 자식이 울면 함께 울고, 자식이 웃으면 함께 웃는 부모의 마음 말이다. 내가 어느 틈에 그들의 부모가 되어 있었다.

성경 속에서 몇 천 년 전의 사람들을 만난다. 그들 역시 나와 같다. 나처럼 생각하고 나와 똑같은 감정의 기복을 느낀다. 그들도 나와 같이 가족 때문에, 사람 때문에 울고 웃는다. 때론 하나님을 떠남으로 징계를 받고 또다시 돌아온다. 하나님의 풍성한 복을 누리기도 한다. 다윗의 기가 막힌 가정의 비극은 내 일처럼 안타깝다. 요셉이 형통할 때는 나도 신이 난다. 아브라함이 아내를 누이라고 속일 때는 안타까움 대신 미묘한 안도를 느낀다. 나의 부족함을 그에게 대비시키면서 미소 짓는다. 그들의 하나님을 나도 만난다. 과거에 있었던 사람들이 현재에 살아 있음을 보고 지금의 내가 그들 속에 있음을 본다.

나와 함께하였던 사람들의 모습을 그렸다. 성경 속의 사람들을 썼다. 그리고 그 사람들 속에 있는 갈보리의 십자가를 말하고 싶었다. 그곳에서 위로와 사랑을 발견하기 원한다. 아가서의 한 구절을 되뇌어 본다.
'내 위에 나부끼는 그분의 깃발은 사랑이었노라.'

Contents

Part 4

삶과 이별

Part 5

나를 움직이게 하는 것들

하나님이
주신 기쁨,

사람이
주는 기쁨

Part 1

사람의 집, 하나님의 집

　우리 교회 예배당 증축을 보면서 어릴 적 교회를 떠올렸다. 우리 집의 바로 뒷집이 예배당이었다. 링컨을 닮은 전도사님이 계셨는데, 자녀들이 많았던 기억이 있다. 그 전도사님은 나를 정말 예뻐해 주셨다. 교회에서 우리 할머니만 불러서 점심을 드린 것도 생각난다. 아마 5월의 어느 날이었을 거다. 우리 오빠는 내게 말했다. "내가 사람인데, 왜 전도사님은 나에게 자꾸 불쌍한 양이라고 하냐?" 오빠는 자신이 왜 죄인이냐며 화를 내기도 했다. 어릴 적 나는 크리스마스에 빨간 발레복을 입고 춤을 추었다. 여름성경학교 땐 치마를 벌려 뻥튀기를 잔뜩 받고 교회에서 주는 상도 모두 휩쓸었다. 나는 오직 교회로만 쏘다녔다. 7대 종손이셨던 아버지는 내가 딸이라서 그런지 그런 나를 묵인해 주셨다.

　우리 동네에 마음 착한 송 씨가 있었는데 그는 교회 새벽종 치는 사람이었다. 네 시와 네 시 반인지, 네 시 반과 다섯 시인지는 잊었지만 두 번째 치는 종을 재종이라 했다. 아버지는 그 소리로 시계를 대신하셨다. 송 씨가 저벅거리며 우리 집 울타리 뒤로 걷던 소리를 나도 누워서 가끔 들었다. 그러면 아버지와 엄마의 두런거리는 소리가 시작되었다. 말이 많지는 않았지만 장난을 잘 쳤던 우리 엄마는 친정에 다녀오면 웬 할 말이 그렇게 많았던지 동네 사람들이 예배할 때 오랫동안 아버지와 함께 며칠씩 두런거리셨다. 장애인 아들을 둔 송 씨는 모든 식구들이 교회에 열심히 다녔다.

　우리나라에 교회 종소리가 사라진 일은 마치 센 물살에 귀중한 것을 떠내려 보낸 것과 다르지 않다. 우리 아버지는 그 많은 세월을 흘려보내고 칠십이 넘어서 하나님을 믿으셨다. 우리 아버지가 젊을 때부터 믿음을 가지셨더라면 얼마나 좋았을까? 부질없는 생각인 줄 알면서도 그런 생각을 가끔 한다. 그렇다면 나는 지금의 나보다는 훨씬 더 좋아졌을까?

사람은 집에서 산다. 하나님도 집에서 사신다. 무소부재와 편재성을 가지셨지만 그분은 굳이 이집트에서 가지고 나온 보물로 자신을 위한 집인 성막을 짓게 하셨다. 하나님은 이스라엘 민족이 이집트를 나올 때 이집트인들에게 각종 보물을 요구하라고 하셨다. 이스라엘 민족은 나오기 전에 문인방과 설주에 양의 피를 바르고, 그 피를 보면 죽음의 천사가 그 집을 넘어가는 유월절을 경험하였다. 이집트의 모든 장자들은 왕의 아들이든, 시녀의 아들이든지 간에 모두 죽였다. 이집트에 죽음의 곡성이 아직도 있을 그때 이스라엘 민족은 그들에게 금 보석과 은 보석과 의복을 요구했다. 이집트인들은 모든 요구 사항을 들어주고 이스라엘 사람들을 재촉하듯 내보냈다.

나중에 광야에서 성막을 지을 때 이스라엘 민족은 그 보석들을 내놓았다. 특별한 재능을 하나님으로부터 부여받은 브살레엘과 아홀리압이 성막의 모든 것들을 만들었다. 이스라엘 백성이 얼마나 많이 보석과 재료들을 가져왔는지 성막을 만드는 자들이 모세에게 제발 그만 가져오게 하라고 부탁하였다. 성막은 광야 생활을 하던 이스라엘 민족과 함께 있었고 하나님은 그곳에서 구름기둥과 불기둥으로 자신을 보이셨다. 많은 황금이 들어간 그 성막을 '황금의 집'이라고 부르기도 한다. 그 성막이 이스라엘 민족의 광야 이동과 함께 이동하였다가 여호수아와 사사 시대에는 한곳에 정착하였다.

그 후 다윗은 왕이 되었을 때 그 손으로 하나님의 성전을 짓고 싶어 하였다. 그러나 전쟁으로 피를 많이 흘린 다윗에게 하나님은 성전 건축을 허락하지 아니하셨다. 그 꿈은 솔로몬에게 넘어갔고 솔로몬이 그 꿈을 이루었다. 다윗은 그의 모든 금은보화를 솔로몬에게 넘겼다. 솔로몬이 지은 성전의 모든 재료들은 다윗이 준비한 것들이다.

솔로몬은 그 성전을 지을 때 아무 소리도 나지 않게 지었다. 성전을 건축하기 전에 미리 재료들을 예비하였으므로 건축하는 동안에 집 안에서는 쇠망치나 도끼나 어떤 쇠 연장 소리도 들리지 아니하였다고 하였다. 이 부분이 소름 끼치는 부분이다. 아무 소리도 들리지 아니하였는데 그 웅장하고 화려한 성전이 완성되다니. 솔로몬에게 속한 일꾼이 삼만 명이다. 그들을 한 달에 만 명씩 번갈아 가며 레바논에 보냈다. 한 달은 레바논에 있었고 두 달은 집에 있게 하였다. 짐 나르는 자가 칠만 명이 있었고 돌 다듬는 자가 팔만 명이다. 성전 건축을 감독하는 직무 수행자가 삼천삼백 명이다. 솔로몬은 성전을 칠 년 동안 건축하였다.

이스라엘의 중심은 성전이었고 그 화려한 성전을 바벨론의 느부갓네살이 파괴하였다. 바벨론이 파괴한 성전은 바벨론 포로 칠십 년 후에 바벨론에서 돌아온 사람들에 의해 다시 재건되었다. 예루살렘으로 귀환하였던 지도자 스룹바벨의 이름을 따라 그 이름이 스룹바벨 성전으로 불린다. 그 성전을 짓는 이야기가 에스라서이다. 스룹바벨 성전을 다시 시리아의 안티오쿠스 에피파네스가 파괴하고 욕되게 한다. 로마가 지배하던 시대에 이두매인이었던 헤롯이 이스라엘 민족의 환심을 사려고 다시 증축하고 수리를 해서 헤롯 성전이 된다. 그 성전을 짓는 데에 사십육 년이 걸렸다는 이야기가 요한복음 2장에 나온다. 헤롯 성전은 AD 70년 로마의 침략과 함께 무너져 버렸다. 로마의 타이터스는 성전을 철저하게 파괴하였다. 성전의 파괴와 함께 이스라엘은 뿔뿔이 전 세계로 흩어졌다.

예수님은 자신을 가리켜 성전이라고 하셨다. "이 성전을 헐라. 사흘 안에 내가 그것을 일으켜 세우리라" 하셨다. 그 말씀은 예수님의 죽음과 부활을 상징한다. 이제 신약

시대의 성전은 그리스도인 자신이다. 우리 몸이 성령이 거하는 처소로서의 성전이다. 예배의 처소인 예배당이 많은 사람에게 거룩한 성전의 개념으로 자리 잡고 있다. 이것은 맞기도 하고 아니기도 하다.

어릴 때 교회를 다녔거나 믿음이 있는 집안에서 자란 사람들은 믿음을 떠났다가도 다시 돌아올 확률이 크다. 그래서 나는 교회에 처음 나온 사람들에게 어릴 적에 교회에 나간 적이 있느냐고 물어본다. 어릴 적 내겐 교회가 놀이터였고, 간식을 제공하는 곳이었다. 성경 이야기에 빠져드는 곳이고 나의 모든 것이 있었던 곳이다. 서울 성내동 이곳에 정성을 들인 작은 예배당이 누군가의 모든 것이 되고 하나님의 존재가 알려지는 장소가 되고 사람들이 사모하는 곳이 되길 바란다. 나처럼 어린 시절의 교회를 누군가도 느낀다면, 교회를 다니며 믿음으로 산다면 그 누군가는 행복한 사람이 된다.

핫초코

더운 주일. 오후에 교회 식당에서 구십이 넘은 모친은 내 앞에 와서 앉았다.

"사모님, 나 따땃한 물 한 잔 주쇼."

"네에~"

나는 친절하게 따뜻한 물 한 잔을 건넸다.

"아니~ 물 말고, 요렇게 멀건 물 말고, 뻘건 물 주쇼."

"뻘건 물이라니요? 아차!"

그제서야 할머니가 가끔 핫초코를 마시던 모습이 떠올랐다. 할머니는 핫초코를 어떻게 뽑아야 할지도 모르거니와 이백 원조차 없다. 할머니는 교회에 올 때 헌금만 가져오신다. '핫초코'라는 이름도 몰랐다 나이 여든이 다 되어가는 다른 모친은 새로 산 옷을 입고 오는 날이면 내 입에서 무슨 말이 나올지를 기대하는 눈치다.

"모친님, 정말 이쁘세요. 어떻게 이렇게 이쁜 색깔을 골라서 입으셨어요? 나도 이런 색깔을 입고 싶네요."

"너무 튀지 않을까? 노인네가 너무한다고 하지 않을까?"

"아니에요. 너무 이뻐요. 잘 사셨어요."

내 눈에는 그 옷을 입은 모습이 예뻐 보인다. 그리고 기쁘다. 나도 저 나이가 되면 누군가에게 예쁘다는 소리를 듣고 싶어 하겠지? 이런 마음을 이해하지 못할 탱탱한 내 딸들, 딸들은 나를 무슨 외계인 취급할지도 모르겠다. 나이 드신 모친들은 긴장감도 없고 그냥 편해서 좋다. 어떻게 하면 기쁘게 해줄 수 있을까를 궁리한다.

전에 우리가 있던 교회에는 칠십이 넘은 모친이 나하고 친하게 지내셨다. 그 모친의 정갈하고 고결한 모습이 자꾸 내 마음을 끌었다. 그 모친도 나하고 이야기하는 것을 즐기셨다. 어느 날 그 모친은 나에게 이런 이야기를 하셨다.

"사모님, 나는요. 지하철을 탈 때도 젊은 사람 옆에는 조심스러워서 앉지 못해요. 노인네가 왜 밖에 나왔냐며 속으로 흉볼까 싶어서요.”

“모친님, 그런 말씀이 어디 있어요? 젊은 사람들은 절대 그렇게 생각 안 해요. 그렇게 생각하시면 안 돼요. 정말이에요. 걱정 마시고 밖에 다니세요.”

모친님이 그렇게 생각하신다니 놀랐다. 터무니없는 생각이었다. 그 모친은 나에게 이런 말씀도 하셨다.

“제가 젊었을 때 석유 장사를 했어요. 그때 석유를 뜨다가 예수님이 나를 위해 돌아가셨다는 사실을 알고는 감격스러웠어요. 예수님이 십자가에 달린 모습이 너무나 선명하게 보였어요. 내 죄가 너무나 선명하게 보여서 통곡을 했어요. 나는 그 순간을 잊을 수가 없어요.”

오래전에는 석유를 네모난 나무 되로 팔았었다. 새까맣게 석유에 절어있던 나무 되를 나도 기억한다. 모친은 그 되를 끌어올리다가 복음을 깨닫고는 우셨다. 지금도 가끔 아름다웠던 그 모친을 생각한다. 내가 늙으면 닮고 싶은 그런 분이다. 안타깝게도 그분은 일찍 하나님의 부름을 받으셨다. 늙어서도 사람이 얼마나 아름다울 수 있는지를 그분을 통해서 알았다. 지금에 와서는 그 모친의 늙음에 대한 말씀이 그럴 수도 있었겠구나 하고 생각된다.

시편 92편 말씀처럼 늙어도 결실하며 진액이 풍족하고 빛이 청청하여 하나님의 정직하심을 나타낸다면 얼마나 좋으랴. 늙음이 멀리 있지 않은 지금에야 아프게 그 모친의 마음이 읽힌다.

점심을 먹고 나면 항상 커피를 마시면서 그분들이 가질 수 있는 차 한 잔의 여유와 권리를 무시한 것 같아서 송구스러웠다. 그래, 커피를 못 마시는 사람을 위해서 핫초코가 있지 않은가. 별 다방의 '카라멜 마키아또', '자바칩 프라푸치노'는 못 드려도 우리 교회 자판기 핫초코는 얼마든지 드릴 수 있다. 할머니는 후후 불면서 맛있게 핫초코를 마셨다. 모친님! 오래오래 그 자리에 계셔 주세요. 핫초코 열 잔, 아니 백 잔, 아니 천 잔이라도 뽑아 드릴게요.

딸

요즘은 출산하면 조리원으로 간다. 아이를 낳았는데도 자매는 예쁜 얼굴을 하고 있었다. 자매들이 아이를 낳으면 남편은 나를 병원까지 데려다주고 혼자 다른 곳에서 기다린다. 여자들은 출산 후의 얼굴을 남자들에게 보여주길 꺼린다. 또 너무 불편해하니까 나 혼자만 산모를 만난다. 조리원에서 이제 두 아이의 아빠가 된 형제는 능숙하게 포도를 씻고 복숭아를 예쁘게 깎아서 내놓았다. 요즘 남편들은 살림도 잘한다. 자상하기 이를 데 없다.

딸만 둘 낳은 사람끼리 이야기가 오갔다.
"처음에는 조금 섭섭했는데 이젠 아이가 너무 사랑스러워요. 제가 딸인 것을 알고 교회에 갔는데 나이가 지긋

한 자매님들이 '하나님이 이번에는 아들을 주시겠지' 하는 말을 들으니까 정말 기분이 이상했어요."

"다른 사람들에게는 다 괜찮은데 시댁에 조금 미안한 마음이 들 뿐이지. 잘했어요. 오늘도 어떤 친구가 나한테 말하기를, 딸만 둘이라 복을 너무 많이 받았다는 거예요. 그 친구는 아들만 둘이야. 단지 자녀일 뿐이지. 아들이나 딸이 문제는 아니에요."

우리는 시편 127편 3절을 같이 나누었다.

"보라. 자식들은 주의 유산이요. 태의 열매는 그의 보상이로다."

자식은 유산이고 보상이다. 하나님이 주신 유산이나 보상이 모자라거나 나쁠 리가 없다.

"자매, 우리가 자식을 낳는 것은 하나님의 창조 사역에 동참하는 거야. 하나님의 입장에서 보면 우리의 모든 것은 결국 그분의 사역에 동참하는 것이 아니겠어?"

내가 말하고 내가 감동을 받았다. 자매의 눈 속에서 흔들리는 깨달음을 보았다. 하나님은 에덴에서부터 남자와 여자를 창조하셨다. 이스라엘 여자들은 아이를 가지게 되면 혹시 자기 아이가 메시야가 아닐까 기대했다고 한다.

예수님은 여자의 후손이라고 창세기 3장 15절에 말씀하셨다. 그것은 남자를 통하지 아니한 여자의 후손이다. 동정녀에게서 탄생하는 것을 말한다.

성경을 읽다 보면 한낱 범인일 수밖에 없는 여자들의 이름이 나오는 것에 주목하게 된다. 민수기에서 나온 슬로브핫의 딸들이다. 그들은 없어질 뻔한 자신들의 기업을 차지한다. 모세에게 찾아가 왜 자신들의 기업이 없느냐고 한다. 아들이 없는 아버지의 기업이 왜 없어져야 하느냐고 하여서 모세가 그 일로 하나님께 여쭈어보도록 했다. 그 결과로 하나님으로부터 유산을 받을 합당한 이유를 얻었다. 슬로브핫의 딸들은 므낫세 지파이므로 므낫세 남자들에게 시집을 가는 조건으로 그들의 기업을 얻어냈다. 슬로브핫의 딸들 이름은 말라와 디르사와 호글라와 밀가와 노아이다.

또 욥의 딸들이 있다. 욥이 고난을 통과한 뒤 하나님의 축복으로 다시 낳은 열 명의 자녀들 가운데 세 딸이다. 여미마와 굿시아와 게렌합북은 전국 최고의 아리따운 여자로 손꼽히었다. 여기에서 하나님의 유머를 발견한다. 하나님은 두 번째로 주신 욥의 딸들을 제일 예쁜 여자들

로 만드셨다. 이 부분에서 입가에 떠오르는 미소를 금할
수 없다.

　오늘 둘째 딸을 얻은 형제는 우리를 제대로 대접한 적
이 없다며 저녁을 같이하잔다.
　"좋아요. 예쁜 딸도 낳았는데 제일 비싼 것으로 시켜
야지."
　생전 처음 한우 대창 구이를 시켰다. 역시 비싼 것이
맛이 좋았다. 씹히지도 않고 꿀꺽꿀꺽 넘어갔다.

만 원짜리, 천 원짜리

임 할머니는 몇 년 전에 목사님 양복 사 입으라고 우리에게 19만 원을 주셨다. 오랫동안 자식들이 준 용돈을 모은 것이리라. 우리는 그것으로 여름 양복을 사 입었다. 우리가 애정을 갖고 있는 옷이다. 이번에도 며칠 전에 할머니는 목양실 문을 쾅쾅 두드렸다. 할머니는 가는귀를 잡수셔서 행동도 크게 하고 말도 크게 해야만 한다. 할머니가 흰 봉투를 내밀며 말씀하셨다.

"목사님, 이거 양복 사 입어." 전라도 사람은 애정을 가지면 반말로 이야기하는 경우가 많다.

"모친님, 이러시면 안 돼요. 이거 두고두고 쓰세요."

"아녀어~ 내가 주고 싶응게 그려. 꼭 그렇게 혀."

할머니가 마당에 내려가신 후에 우리는 화들짝 놀란 가슴으로 봉투를 열어 보았다. 봉투에는 천 원짜리 열일곱 장, 오천 원짜리 네 장이 들어 있었다. 우리는 어안이 벙벙했다. 이것을 어떻게 해석할까? 할머니는 참 총명하시다. 내 생각으로 할머니는 성경 통독을 오십 번은 넘게 하신 분이다. 주일 성경 본문이 마태복음이면 그 주간에 마태복음을 다 읽고, 창세기이면 창세기 한 권을 다 읽으시는 분이셨다. 이제는 힘에 부치셔서 그렇게 하지 못하시지만 그런 생활을 오십 년이 넘게 하신 분이시니 가히 독보적인 존재이다.

나이 사십이 넘어서 예수님을 믿었는데 글을 모르니 성경을 읽을 수가 없었다. 그래서 부엌 아궁이 앞에 앉아서 불을 때면서 성경을 한 장 한 장 넘기시면서 이렇게 기도했다고 한다.

"하나님, 나 이 성경을 읽고 싶응게 글 좀 깨치게 해 주쇼."

그렇게 글을 깨우치고 성경을 읽기 시작했다고 한다.

우리는 절대로 할머니가 실수할 리가 없다고 생각했다. 아하, 그러면 그렇지! 할머니는 파란색 천 원짜리를 녹색 만 원짜리로 아신 것이다. 소비생활이 없는 할머니는 이제는 돈에 대한 개념도 희박해진 모양이다. 자식들이 주는 용돈을 그저 모으기만 한다. 그것을 가끔 이렇게 쓰실 뿐이다. 천 원짜리를 만 원짜리로 인식하신 다음부터 계속 그렇게 믿고 계신다고 생각되었다. 과부의 두 렙돈이 생각났다. 할머니가 천 원을 헌금할 때마다 하나님은 만 원으로 계산하셔야 한다. 어떤 틀이 파괴된다는 것은 예상외로 파격적인 즐거움이 있다.

할머니는 예배가 끝나고 나가는 시간에 목사님을 만나면 이렇게 인사를 하신다.

"목사님, 하나님헌티 복 많이 받으시오. 잉?"

나한테는 이렇게 인사를 하신다.

"사모님도 하나님헌티 겁나게 복 많이 받으시오. 잉?"

그 소리가 얼마나 큰지 모른다. 우리는 그 소리를 들을 때마다 유쾌하기 이를 데 없다. 이렇게 즐겁기만 하다면 누가 목회를 어려워할까 싶다. 사람들과의 관계에서 이렇게 사심 없는 마음이 얼마나 귀한가. 어떤 꼬임과 비틀림도 없는 순수한 상태라면 좋을 것 같다. 내가 나 자신과 사람들에게 대하는 태도도 이러해야 한다. 하나님께 대하는 태도도 이러해야 한다고 생각한다. 이런 순수한 태도가 얼마나 아름다운가. 내가 이렇게 임 할머니와 같은 태도로 살 수 있기를 바란다. 거기에는 아무런 긴장도 없고 아무런 가식도 없다. 다만 임 할머니의 마음에는 단순한 생각을 뛰어넘는 하나님의 파격이 있을 뿐이다.

달래

어제 아침, 문자가 왔다.

'사모님, 봄이 가까이 왔습니다. 달래 좀 보냈습니다. 맛있게 무쳐 드세요^^'

요란한 남편의 메일함과 핸드폰과는 달리 내 메일함과 핸드폰은 항상 조용하다. 그래서 나는 대형 마트의 세일 광고도 반갑게 읽는다. 그러다가 이런 알짜배기 문자도 가끔 받는다. 강원도 산골짜기에 사는 지인이 보낸 것이다.

조그마한 택배 상자 안에는 탱글탱글하고 생명력이 넘치는 달래가 들어 있었다. 원주율 파이 3.14의 동글동글한 머리를 가진 귀여운 달래였다. 시장의 좌판대에 길쭉한 머리를 가지고 노랑 고무줄에 묶인 채 히마리 없이 누워있는 달래가 아니었다. 그 달래로 양념간장을 만들었다. 깨소금, 참기름, 고춧가루, 마늘, 간장을 넣고 조금 빡빡하게 만든 양념간장에 콩나물밥을 해서 조금씩 비벼 먹었다. 그 맛은 먹어본 사람만 안다.

양념간장에 비벼 먹는 밥은 무밥도 있고 우엉 밥도 있다. 푸짐하게 콩나물을 밥솥에 넣어 밥을 하고 조금 남긴 콩나물은 따로 살짝 익혀서 밥 위에 얹으면 정말 푸짐하다. 우엉 밥은 우엉을 잘게 채를 치고 소고기 간 것과 표고버섯을 넣어 밥을 하면 그 또한 별미다. 금방 만든 양념간장을 더하면 이보다 더 맛있는 밥은 없다. 아무리 맛있다는 식당 요리도 이렇게 집에서 만든 밥에 비하면 비할 바가 아니다.

맛있게 밥을 먹고 났는데 문제는 그다음에 일어났다. 달래를 먹으면 여운이 오래가서 꼭 이를 닦아야 하는데 무신경하게 목요 심방에 따라나섰다. 심방 간 집에 윗집 아줌마가 놀러 왔다. 교회를 다니는 그 아줌마는 구원의 복음을 듣고 싶어 했다. 교회에 나가지만 정확하게 복음을 듣지 못한 사람들이 많이 있다. 교회에서는 말씀을 잘 전하지만 들을 귀가 없는 사람도 있다.

예수님이 십자가에서 죽으셨다는 것을 이 세상에서 모르는 사람은 없다. 조금 더 아는 사람들은 우리 죄 때문에 죽으셨다고 안다. 문제는 그것이 나 자신과 무슨 상관 있느냐는 것이다. 놀랍게도 십자가와 십자가상의 예수님의 죽음은 온 세상 사람들이 알고 있다. 참 신기한 일이다. 이렇게 보편적인 사실을 이렇게 아무렇지도 않게 의심도 없이 모든 사람들이 알고 있다는 사실이 참 놀라운 일이다.

그 예수님과 내가 무슨 상관이 있는지를 아는 것이 구원의 첫걸음이다. 많은 사람들은 더 이상 나가지를 못하고 그냥 교회에만 다닌다. 아니 더 알려고도 하지 않는다. 인격적으로 그분과 나 사이에 관계를 맺어야 한다. 믿는다는 의미는 그분을 받아들이는 것이다. 그분을 영접하는 것이다. 그분은 죄 때문에 죽으셨고 그 죄는 나의 죄이다. 이천 년 전에 하나님께서 내 죄를 그분에게 가져다 놓고 이미 그 죄를 심판하셨다. 이것을 받아들여 믿는 것이 믿음이다. 그리고 내 죄가 사하여졌음을 믿는 것이다.

내가 그 아줌마를 상담해야 할 일이 생겼다. 그러나 엎질러진 물인데 어찌하랴. 눈물을 흘리며 예수님을 영접하는 기도를 한 자매님에게 자백했다.

"자매님, 죄송해요. 실은 제가 점심때에 달래 간장으로 밥을 비벼 먹었어요."

"괜찮아요. 저도 지금 막 밥 먹고 나왔어요."

그래, 괜찮을 것이다. 우리는 아줌마니까. 가끔 내가 나를 때려주고 싶을 정도로 바보 같은 실수를 한다. 미안했다.

"하나님, 이것조차도 내 인생의 맛있는 비빔밥으로 비벼 주세요."

아들과 미역국

　며칠 전 내 생일이었다. 시집간 딸은 밤중에 일어나서 부엌 벽에 생일 축하 글을 붙여 놓고 아침에 일어난 나를 깜짝 놀라게 했다. 티라미수 케이크를 자르고 생일 축하 선글라스를 끼고 노래를 불러서 요즘 식으로 잔치를 했다.

　가끔 시부모님과 친정 부모님 생신 때문에 예배에 참석할 수 없다는 성도들을 볼 때마다 묘한 기분에 사로잡히곤 했다. 사실 나는 결혼을 하고 나서 한 번도 친정 부모님 생신에 참석한 적이 없다. 항상 갈 수 없는 환경이어서 지레 포기를 하고 살았던 것 같다. 그 말을 들은 큰딸은 어떻게 그럴 수가 있느냐고 펄쩍 뛰었다. '지금은 갈 수 있는데…' 하는 아쉬움을 가끔 머금기도 한다.

어느 날 어떤 자매님이 아들의 생일이라며 미역국과 반찬을 싸 와서 조심스레 내밀며 말했다.

"저녁에 퇴근하고 가셔서 식사하실 때에 우리 아들을 위해서 기도해 주세요."

저녁에 잡채, 불고기, 여러 가지 전과 반찬으로 한 상 가득히 차려 놓은 다음에 우리는 그 아들을 위해서 기도했다. 자식의 생일을 이렇게 아름답게 만든 자매님의 지혜와 믿음에 감탄하였다.

부모는 자식을 낳으면 그날부터 죽을 때까지 자식에 대한 애틋함으로 일생을 보낸다. 그것은 누가 무어라 말할 수도 없다. 자식이 어릴 때는 어떤 시기가 지나면 자식에 대한 애틋함이 끝날 것 같다. 하지만 꼭 그렇지만도 않다. 자식이 자라나면 어느 순간 나보다 더한 지혜와 능력을 갖게 될 것이다. 하지만 그렇다고 해도 그 마음은 끝이 없다. 그래서 옛사람들은 내리사랑이라고 했나 보다.

결혼한 지 이십 년이 지나도록 이삭에겐 자식이 생기지 않는다. 하나님께 자식을 달라고 기도한다. 이삭의 아들들은 태어나면서부터 다투기 시작한다. 에서와 야곱은 서로 속이며 반목한다. 에서는 결혼한 후에 아내들 때문에 이삭과 리브가에게 아픔을 가져다준다. 리브가는 며느리들 때문에 살고 싶지 않다고 말을 한다. 야곱은 그의 열두 아들과 딸 디나 때문에 인간적인 고통을 당한다. 큰아들인 르우벤이 서모인 빌하를 강간하고 딸 디나는 하몰의 아들 세겜에게 강간당한다. 요셉은 행방불명이 되고 기근 때문에 자식들과 갈등하게 된다. 야곱은 나중에 이집트 왕 파라오에게 자신이 험악한 세월을 보냈다고 말한다. 자식들과 얽힌 한 사람의 가정사는 이렇게 험난하다. 믿음의 사람이었다는 야곱이 이 정도였다. 우리가 당하는 모든 인간사는 어쩌면 약과일지도 모른다.

헤롯은 자신의 생일날에 흥에 겨운 나머지 살로메헤로디아의 딸에게 무모한 약속을 하고 만다. 살로메에게 나라의 절반이라도 주겠다는 무모한 약속을 한 것이다. 이 때문에 헤롯은 침례 요한의 목을 베고 만다. 그의 성품이 잔혹하기도 했지만, 생일날에 흥분한 탓 같다. 그의 의붓딸이 무모하게 요한의 머리를 요구했을 때 자신이 한 말을 취소하고 싶지 않았을까? 그는 요한을 두려워하기도 했으니까. 창세기에 나오는 이집트 왕 파라오는 자기 생일에 잔 맡은 자들의 우두머리를 복직시킨다. 욥은 자기 생일을 저주했다. 자신의 극한 고통 가운데서 자신이 태어난

날에 왜 죽지 아니하였던가, 왜 젖을 빨았던가 하면서 자신의 생일을 저주하는 장면이 나온다. 하지만 생일은 모든 사람이 자존감을 갖는 날이기도 하다. 그날이 지나가는 것을 안타까워하며.

설렁설렁하다

몇 달 동안 성실히 예배를 참석하시던 현경이 할아버지 할머니를 심방했다. 현경이 할아버지는 착하고 성실하게 사는 대한민국 사람의 전형이다. 그분은 하나님께 잘 보이고 하나님의 긍휼을 입고 싶어 하셨다. 당신이 해야 할 일은 힘써서 믿고 힘써서 선한 열매를 맺어야 하는 일이라 하셨다. 그렇게 하면 언젠가 하나님이 자신을 잘 봐 주시지 않겠느냐고 하셨다. 두 분은 소파에 나란히 앉으셔서 그게 얼마나 당연한 것이냐고 말씀하신다.

두 분은 아들 집에 오셔서 머무시는 중이다. 시골에 있는 교회에 다니신다. 하나님이 원하시는 것이 성경에 있고 하나님의 방법대로 믿어야 옳게 믿는 것이라고 말씀드렸다. 구원을 위해 해야 할 아무런 행위도 없다고 했다. 예수님이 우리 죄를 위하여 십자가에서 이미 형벌을 받아서 죄가 용서되었기 때문에 우리는 그의 죄 용서하심을 받아들이기만 하면 된다고 하였다. 다만 하나님의 선물을 고맙게 받아들이는 것이 하나님이 진정으로 나에게 원하는 것이 아니겠느냐고 말했다. 오랫동안 이야기한 끝에 두 분은 예수님을 영접하셨다. 기도를 끝낸 현경이 할아버지가 말씀하셨다.

"내 마음이 설렁설렁하네요."

그분은 충청도 분이시다. 그것은 기쁘고 흥분이 될 때 쓰는 말이기도 하다. '설렁설렁하다'라는 말은 나도 어렸을 때 어른들에게서 많이 들었다. 우리 집은 충청도와 전라도의 경계선이었으니까. 손을 모으고 기도하는 방법을 가르쳐 드렸을 때 처음 듣는다며 너무 즐거워하셨다.

우리나라 대부분의 사람들, 그러니까 교회를 다니는 사람들도 내가 어떤 행위를 해야 하나님이 기뻐할 것이라고 생각한다. 그렇게 하면 자신이 구원받을 수 있다고 생각한다. 모든 종교인들이 그렇다. 어떤 행위를 해야 신이 기뻐할 것이라고 생각한다. 무슬림들이 메카를 향하여 하루에 다섯 번 기도하고 평생에 한 번 메카 성지를 순례하는 것도 그렇다. 불교는 윤회 사상으로 선행을 하게끔 한다. 종교가 없는 사람들도 양심에 의거하여 그렇게 한다.

불교에 '삼보일배'라는 것이 있다. 세 걸음을 걷고 온몸을 쭉 뻗어 한 번 절하면서 자신이 지은 모든 나쁜 업을 뉘우치고, 깨달음을 얻어 모든 생명을 돕겠다는 서원을 하는 것이 삼보일배 수행법이다. 두꺼운 나무토막을 손에 끼고 땅바닥에 온몸을 일직선으로 편다. TV에서 티벳 사람들이 이 삼보일배하는 장면들을 가끔 방송하는데 그럴 때마다 채널을 돌린다. 일생을 그렇게 고생하는데 그 결과는 너무나 뻔하다. 그 고통스러운 행위와 검게 그을린 얼굴과 흩어진 머리칼과 초라한 모습을 볼 수가 없다. 그래서 나는 여행 프로그램에서 티베트나 네팔이 나오면 고개를 돌린다.

이런 생각들은 누군가로부터 성경적인 설명을 듣지 않으면 고쳐질 수가 없는 생각이다. 나도 그렇게 생각했다. 열심히 교회에 나갔는데 그것으로는 부족한 것 같았다. 왜냐하면 나는 완전하게 양심적으로 열심히 살지 못하니까. 고3 어느 봄날에 어떤 신학생으로부터 로마서 3장 말씀을 들었다. 율법은 우리 죄를 깨닫게 하려 하심이라는 말씀이었다. 그날로 십자가에서 내 죄를 모두 사하여 주신 예수님을 영접했다. 그때의 시원함과 안도감을 나는 잊을 수 없다.

어떤 형제는 그런 문제로 깊이 고민하였다. 복음을 듣고 예수님을 마음에 영접하고는 너무 기뻐서 우리 교회가 있는 성내동에서 천호동 자기 집까지 가는데 자기가 어떻게 집에 왔는지를 모르겠다고 했다. 너무 기뻐서 하늘을 나는 듯이 날아서 갔다고 했다. 남편도 자신의 죄 문제를 해결하고 구원받은 그날에 교회에서 집에까지 어떻게 갔는지 모른다고 한다. 날아서 집까지 갔다고, 그런 감격적인 말을 한다. 어떤 사람은 빙그레 웃기만 한다. 사람마다 모양은 다르지만 죄의 짐이 벗어지면 이런 간증들이 있다.

이 세상의 모든 교회가 주님이 원하시는 사역을 한다면 얼마나 좋을까 생각해본다. 현경이 할아버지 할머니가 다시 시골로 가시는데, 아무쪼록 그 교회도 말씀을 잘 가르쳤으면 좋겠다. 우리나라의 모든 교회가 말씀을 제대로 가르친다면 구원의 문제를 사람들이 그토록 어렵게 접근하지는 않을 것이다. 모든 교회가 그렇게 올바르다면 얼마나 좋을까. 사람들은 그저 거리상으로만 교회를 선택한다면 얼마나 좋을까. 그렇게 한다면 목회자는 사람들이 교회를 떠날 때마다 불면의 밤을 보내지 않을 것이다. 그런 일이 일어날 때마다 사람이 무섭지도 않겠지?

낯선 도시에서

막내딸과 함께 홍콩에 갔다. 홍콩엔 이십 년 전에도 간 적 있다. 여행 경로가 달라서였을까. 어디가 어떻게 변했는지는 알 수가 없었다. 공항에서 교통카드를 사서 버스를 탔다. 전철을 타고 배를 탔다. 이십 년 전, 홍콩에 대한 기억은 화려함 그 자체였다. 현란한 야경과 거리에 넘쳐나던 이국적인 냄새. 그때 우리나라는 삐삐를 쓰고 있었고, 그들은 휴대폰을 쓰고 있었다. 영국 여왕이 머물렀었다던 페닌슐라 호텔 로비에서 커피를 마셨다. 그 호텔 앞에서 우리가 가는 호텔 셔틀버스를 타고 내가 이 도시에서 무엇을 볼 것인지 자못 기대가 되었다.

중국의 표준어인 북경어가 통하지 않는 홍콩은 광둥어

와 영어가 통용어였다. 북경어와 영어가 되는 막내딸의 뒤를 따라다니며 맘 편하고 느긋하게 걸음을 옮겼다. 여행의 즐거움은 먹거리와 쇼핑이다. 홍콩은 쇼핑의 천국이라더니 거리 곳곳에는 까르띠에, 에르메스, 디올, 프라다, 샤넬, 루이뷔통 등이 빼곡했다. 명품이 넘쳐나는 거리에서 그들을 무시하고 유명한 핸드크림 몇 개를 사고선 의기양양했다. 덥고 습기 찬 거리를 지날 때는 건물의 현관문이 여닫히며 거센 냉기가 흘러나왔다. 그때마다 홍콩이 정말 부유한 곳이라고 느꼈다. 홍콩은 700만이 넘는 인구가 좁은 땅에 살다 보니 사람들이 거리에 넘쳐났다. 그 옛날 영국 식민지였던 탓도 있겠지만 도시 곳곳에 서양인이 너무나 많은 것에 홍콩이 동서양의 가교라는 것을 다시 한 번 인식하였다. 다닥다닥 붙어있는 건물들과 물결처럼 흘러가는 사람들이 그곳에서는 아무렇지도 않게 익숙하게 어울려 있다.

홍콩섬의 유명한 IFC 몰에서 점심을 먹었다. 고급스러운 식당인데도 사람이 많아서인지 그곳은 합석을 시키고 있다. 우리 식탁에 팔십이 넘어 보이는 노부인이 함께하였다. 그녀는 안경을 쓰고 있었다. 키는 백오십도 안 되어 보일 만큼 작았다. 몸이 얼마나 왜소한지 안쓰러워 보일 정도였다. 도톰한 연두색 스웨터를 입고 검정색 샤넬백을 등 뒤에 놓고는 오로지 쌀죽 하나만 시켰다. 그녀가 너무나 정갈하고 분위기가 있어 보여서 내가 광둥어나 영어가 능숙하다면 대화하고 싶었다. 많은 이야기를 듣고 싶었다. 분명코 홍콩의 밑바탕을 일구어낸 사람일 거라 생각되었다. 그 노부인은 푸른 채소가 뿌려진 죽그릇에서 고기완자를 건져내고는 죽만 스푼으로 떠먹었는데 그 나이다운 식사라고 보였다.

우리는 칠리새우, 볶음밥, 완탕, 딤섬을 시켜 먹었다. 유감스럽게도 향채가 들어간 음식은 겁이 나서 먹을 수가 없었다. 남편은 이번에 중국 음식에 대한 고정관념이 깨졌다고 하며 그 풍부함에 놀라워했다. 중국 음식에 대한 정보가 미흡한 것이 아쉬운 점의 하나였다. 나는 자리에서 일어서며 그 노부인에게 정말 예쁘다고 하였다. 왠지 뷰티플이란 단어보다는 프리티라는 단어가 자꾸 생각이 났는데 그 노부인이 너무나 작고 연로한 탓인지도 몰랐다. 그녀는 반색을 하며 고맙다고 말했다. 너무나 기쁜 얼굴로 나에게 잘 가라고 말하였다. 그 옆집 카페에 앉아서 무수히 오가는 사람들과 에스컬레이터에서 오르락내리락하는 사람들을 보았다. 커피는 감미로웠고 우리는 서울에 있는 것 마냥 마음이 느긋하였다. 낯선 도시에서 이런 기분을 느낄 수 있다니.

왕가위 감독의 '중경삼림'에는 미드레벨 에스컬레이터가 나온다. 세계에서 제일 길다는 그 옥외 에스컬레이터는 주민들의 출퇴근용이었다고 한다. 우리는 그 에스컬레이터를 타고 주변의 오래된 골목들을 구경하였다. 낡은 건물들과 구멍가게, 시장들이 옛 정취를 느끼게 해주어서 다리만 아프지 않다면 차근차근히 오래도록 보고 싶었다. 에그타르트와 밀크티를 맛보고 과일가게에서 색색의 과일들이 반짝이는 것도 보았다.

우리가 묵었던 방은 구룡 반도에 있는 호텔 23층이었다. 그곳에서는 바다 건너 홍콩섬이 한눈에 보였다. 홍콩 야경의 하이라이트를 볼 수 있는 곳이었다. 밤 8시에는 구룡 반도와 홍콩섬에서 바다를 사이에 두고 레이저를 쏘아 빛의 향연을 벌이고 건물들은 네온사인을 동시에 쏟아냈다. 바다에는 빨간 빛으로 물든 돛단배가 다녔다. 그 밤이 지나고 새벽에 일어나 침대에 걸터앉았다. 바다는 오가는 배도 없이 잠이 들고 건너편의 높이 솟은 빌딩들도 어젯밤과는 다르게 고요히 잠이 들었다.

도시를 바라보았던 사람들이 있다. 소돔과 고모라를 바라보았던 아브라함, 니느웨를 바라보았던 요나, 자아도취에 빠져 바벨론 성을 바라보았던 느부갓네살 왕, 눈물로 예루살렘을 바라보았던 예수님! 나는 잠이 든 홍콩을 보았다. 도시를 건너다보며 내 심장이 뿜어내는 환희를 느꼈다. 아무것도 생각하지 않고 그저 내가 있는 곳만을 바라보며 안식할 수 있는 여행의 기쁨이 있다. 나는 이런 시간과 공간을 다음에 또 허락해 달라고 하나님께 살짝 말씀드렸다. 가끔 느끼는 삶의 기쁨이 그 방 안에 넘쳐났다. 모든 것들은 잠들고, 나는 깨어나고.

십자가 하나 볼 수 없었던 홍콩이다. 하지만 호텔 방에 있던 중영 신약성경과 집으로 오는 길에 비행기 옆자리의 중국인 아줌마가 쪽 성경을 읽는 것을 보고는 중국의 크리스천이 1억 명이 넘는다는 것을 생각해냈다. 그 낯선 도시에도 많은 크리스천이 있음을 깨달았다. 마천루를 바라보며 마천루보다 높이 계신 하나님처럼 세상을 넓고 깊게 보아야 한다는 것도.

새끼손톱만큼 큰 구멍을 가진 스트로를 넣고 마시는 망고 주스는 여행 내내 우리의 기분을 상쾌하고 즐겁게 했다. 시원한 과육과 달달한 주스가 입안으로 들어올 때마다 만족스러웠다. 어떤 일이 잘 되거나 좋을 때 '망고 땡'이라 한다. 망고가 너무 맛있어서 나온 말이란다. 이번 우리 여행도 망고 땡!

만나와 눈

아침 식사를 하던 남편이 갑자기 내 등 너머를 가리켰다. 부엌 창문 너머로 흰 눈이 쏟아지고 있었다.

"우리 이런 날은 무엇을 해야 되지?"

남편은 소년처럼 말했다. 한가한 월요일 아침, 마음이 느긋하던 나는 가슴이 콩닥거렸다. 추위 때문에 조금밖에 열지 않았던 거실의 커튼을 조금 더 열고 쏟아지는 눈이 반가워서 서서 오래도록 눈을 보았다. 멀리 있는 산은 보이지도 않고 눈은 비처럼 쉬지도 않고 내렸다.

요즘 아이들은 눈을 보면서 무엇을 연상할까? 나는 누군가의 말처럼 떡가루를 연상하였다. 겨울철에 시루떡을 하기 위해 동그란 체에 쌀가루를 내리는 것을 자주 보았다. 밖에는 흰 눈으로 세상이 온통 하얗게 변하고 그런 날들에는 자주 떡을 먹었다. 동그란 체에서 신나게 내려 지던 떡가루처럼 그렇게 눈이 기세 좋게 내렸다. 아마도 먹을 것이 적었던 옛날에는 그 눈이 모두 떡가루이기를 바라며 마음이 훈훈해졌을 것 같다.

이집트에서 출애굽을 하고 나서 두 달 반이 되었을 때 이스라엘 회중 가운데에서 먹을 것에 대한 불평이 쏟아졌다. 그들이 가지고 나온 식량이 아마도 떨어져 가고 있었던 것 같다. 하나님은 그들에게 빵을 비같이 내리리니 날마다 일정한 양을 거두라고 하셨다. 하늘로부터 이슬과 함께 만나가 내렸고 그들은 그것을 맷돌에 갈거나 절구에 찧기도 하고 굽거나 삶기도 하였다. 그것의 맛은 신선한 기름 맛 같기도 하고 꿀로 만든 과자 같다고도 하였다.

그것을 그들은 사십 년 동안 먹었다. 날마다 만나를 내려 주시며 하나님은 그들이 하나님의 법 안에서 걸으려 하는지 아닌지, 시험하리라고 하셨다. 날마다 내리는 만나는 흰 서리같이 작았다. 아침에 눈을 뜨면 보이는 그것은 그들에게는 당연한 일상이었다. 세상에는 굶는 사람도 많다던데 그런 걸 생각하면 굶지 않고 사는 것은 그나

마 좋은 곳에서 태어난 축복이다. 아니 이제는 그런 정도
에 감사하는 세상이 아니다. 그것은 당연시된다. 그것 말
고 평범하게 먹는 것 말고 그보다 더한 어떤 복이 있어야
한다.

하나님은 만나를 그날 먹을 것만 거두라 하셨다. 그것
으로 일용할 양식을 삼으라고 하셨다. 하지만 나는 그것
이 적다고 말한다. 하나님은 광야에 식탁을 차리셨는데
나는 그 식탁이 탐탁지 않았다. 이집트의 수분 많은 수박
을 원하고 오이를 원하고 부추를 원한다. 만나는 날마다
먹어도 물리지 않는 완전한 식품이다. 광야에서 거저 얻
었던 양식이다.

떡가루 같다던 눈도 어쩌다 한 번 오면 좋지, 날마다
온다면 만나처럼 당연시하게 되겠지? 만나는 처음엔 달
콤했다. 세월이 조금 지난 후에는 신선한 기름 같았다.
그것은 단순히 달콤한 맛만 난 것은 아니었다. '꿀로 만
든 과자 같았다'는 것은 그만큼 맛있었다는 이야기다.출
16:31 날마다 내리는 만나를 그렇게 느낄 수 있다면, 날
마다 주어지는 일상을 그렇게 감사로 받을 수 있다면 행
복할 것 같다. 눈이 오는 아침의 행복처럼.

가장 좋은 것

몽골에 가서 양 어깨뼈 고기가 맛있다는 것을 처음 알았다. 몽골 전통 음식인 허르헉을 먹던 중, 김 선교사님이 가늘고 긴 양 어깨뼈를 가져왔다. 양고기 중에서 가장 맛있는 부분이라고 했다. 양고기는 아무리 요리를 잘해도 냄새가 난다. 양을 잡아 뜨겁게 달군 돌을 고기와 차곡차곡 번갈아 통에 넣고 그 돌의 온도로 요리하는 것이 허르헉이다. 야생 파, 감자, 당근, 소금 등을 넣는데 고기와 함께 귀한 손님을 대접할 때 내는 음식이다. 어떤 사람은 정말 맛있다고 먹는가 하면 나 같은 사람은 지금까지도 양고기 냄새에서 자유롭지 못하다.

십 년도 더 전에 북경에 가서 고추장 소스 같은 매콤한 소스를 발라 숯불에 구워 먹던 양고기구이는 냄새가 전혀 나지 않던 최초의 양고기였다. 어차피 그냥 고기와 어깨뼈 고기 맛의 차이를 알 리가 없었지만 새삼 고기마다 맛있는 부위가 있다는 것이 새로웠다. 누군가에게 대접을 하고 싶으면 가장 맛있고 좋은 것을 대접하는 것이 사람들의 마음이다. 사무엘은 사울을 처음 대면할 때에 가장 좋은 고기를 사울에게 대접하였다.

> "사무엘이 요리하는 자에게 이르되 내가 네게 주며 네 옆에 두라고 말한 그 부분을 가져오라 하니 요리하는 자가 어깨와 그 위에 붙은 것을 가져다가 사울 앞에 놓으매 사무엘이 이르되 남겨 둔 저것을 보라! 네 앞에 두고 먹으라 내가 말하기를 내가 백성을 초청하였다 한 때부터 너를 위하여 이때까지 그것을 남겨 두었느니라 하니 이처럼 그 날에 사울이 사무엘과 함께 먹으니라"
>   – 삼상 9:23, 24

양의 어깨뼈 고기가 맛있는 것을 아는 이스라엘 민족과 유목민들은 그냥 감각으로 성경을 이해할 것 같다. 나는 그런 사실을 깊이 느꼈다.

백도 복숭아 한 상자가 우리 집에 도착했다. 복숭아 겉

껍질이 발그레한 게 그렇게 예쁠 수가 없다. 그런 붉은 빛은 복숭아꽃이 겹치고, 겹치고, 겹쳐서 된 것 같은 색깔이다. 나는 복숭아를 먹기보다도 그 색깔에 반해서 기분이 너무나 흡족했다. 붉다 못해 검은빛이 도는, 가을의 사과 색깔도 나는 좋다. 사랑하는 사람들에게 최고의 것을 선물하고 싶은 사람들의 마음을 복숭아 빛깔에서 찾는다. 투명한 상아색 복숭아즙을 목으로 넘기면서 나는 생각한다. 아아, 감사하다고 말이다.

더위를 피해 카페로 갔다. 강물은 너무나 잔잔하다. 숨 막히는 더위처럼 강물도 숨을 쉬지 않는 것 같다. 이제 막 지는 해는 마지막 빛을 비추고 있다. 갑자기 팔뚝만한 물고기가 공중으로 높이 솟아올랐다. 후딱 물고기가 사라진 그 자리에서 동그랗고 넓게 파문이 번져갔다. 덥고 맑고 평온했던 어릴 적 여름 저녁나절이 떠올랐다. 나의 가슴은 벅차올랐다.

강이 있는 우리 동네를 사랑한다. 그 옆에 자리 잡은 카페도 사랑한다. 이렇게 아무 소리도 들리지 않는 무더위 속에 파문을 만들던 물고기도 고맙다. 하나님, 삶이란 무엇인가요? 여기까지가, 짧고 멀었던 이 길들이 당신의 은혜입니다. 모든 것을 감사하는 사람이 되게 하여 주소서.

작은 것을 작다고 하지 않고 큰 것은 큰 것대로 감사로 받게 하소서. 물고기가 정적을 흔들어 나에게 그렇게 선물을 주었다. 나도 너처럼 가장 좋은 것을 누군가에게 주고 싶다.

꿈

생일날 아침, 식탁에서 남편은 나를 위해 기도하였다.
"…아내가 꿈을 갖고 행복하게 살게 하여 주시옵소서."
남편의 기도를 들으며 생각해보았다. 내 꿈이 무엇이
었나. 나는 꿈이 있는가, 있었던가. 그것이 무엇이지, 어
떤 것을 내 꿈이라 말할 수 있을까. 내 마음의 심지 같은
원함은 무엇일까? 나는 정말 꿈을 가지고 살아왔나? 그
것은 이룰 수 있는 것인가? 이루고 있는 걸까? 이것이
내 꿈이라 말할 수 있을까? 누가 그랬다. 꿈이 몇 년 내
에 이루어지면 그것이 꿈이겠냐고. 꿈이란 일생을 걸쳐
서 이루어 가는 것이라고 했다.

우리는 생일 선물로 우리가 사는 경기도에서 서울 시

내로 1박 2일 여행을 떠났다. 햇살이 부서지는 맑은 날이다. 건조하고 쾌적한 공기 속에서 서울 시청 별관에 있는 정동전망대에 올랐다. 덕수궁이 내려다보이는 그 전망대에서 우리 둘은 커다란 머그컵에 연한 아메리카노 한 잔을 찰랑찰랑 담아 놓고 고개를 빼어 고궁을 내려다보았다.

중국의 자금성에 비하면 말할 수 없이 작은 공간이었다. 나는 그 작은 공간들을 사랑을 다하여 바라보았다. 휴일인 궁에는 사람이 없어 널찍한 길이 곧게 뻗어있고 나무들은 다소곳이 서 있다. 고종의 침전과 편전이었던 석조전, 고종이 승하했다는 함녕전, 러시아 공사관 자리, 성공회 성당 등을 내려다보았다. 비운의 공주였던 덕혜옹주를 생각하며 궁내를 천천히 눈으로 따라가 보기도 하였다. 덕혜옹주 소설 속에는 망국의 한이 서린 옹주의 운명이 가슴 아프게 그려져 있다. 덕혜옹주의 책과 근래에 나온 영화는 많은 괴리가 있다. 흥행성을 가미할 수밖에 없는 영화이지만 나는 약간의 실망을 하기도 했다. 하긴 책 내용 그대로 영화를 만들었다면 절대 흥행하지 못했을 것이다.

우리는 다시 덕수궁 돌담길을 걸어 정동교회 앞으로 가서 미국 대사관저 앞길로 나갔다. 이런 요지에 이렇게 넓은 숲과 땅을 가지고 요새처럼 서 있는 대사관저 앞에는 오랜 흔적의 구세군 본영과 사관학교가 있다. 그 길을 따라 더 앞으로 나가면 광화문 사거리의 동아일보 사옥 앞에 감리교 본부가 놀랄 정도의 위용을 가지고 서 있다. 루터교는 잠실의 금싸라기 같은 땅에 높디높은 루터교 회관이 있다. 종로 5가의 장로교 교단 건물 여러 채는 더 말할 필요도 없다. 나는 그들이 내심 부러웠다. 왜 우리는 그 중심을 놓아두고 저 멀리 왕십리에 맨 처음 자리를 잡았을까 하는 인간적인 아쉬움이 들었다. 아쉬움을 가지고 말하는 내게 남편은 그들은 교단 체제로 운영하기 때문에 그것이 가능하다고 했다. 독립교회들인 우리들과 교단 체제인 그들이 덕수궁을 보고 와서인지 마치 왕과 민초 같은 느낌이 들었다.

언더우드 선교사의 기도가 생각났다. 불모의 땅 앞에서 나무 하나 시원하게 자라 오르지 못하고 있는 조선의 어둠 앞에서, 아무것도 없었던 이 땅 앞에서, 이곳이 머지않아 은총의 땅이 되리라는 것을 그는 믿었다. 그리고 단지 자신의 믿음을 붙잡아 주기를 그는 기도했다. 나는 그 기도 속에서 내 꿈의 언저리를 본다. 내 꿈이 이것이라는 것도.

　오래된 국밥집에서 소고기국밥을 먹고 경복궁 근처의 서촌을 거닐었다. 그리고 다시 광화문 사거리의 책방을 갔다. 나는 예전과는 달리 책을 읽지도, 고르지도 않고 서가 한 쪽의 빈 의자에 앉았다. 부지런한 서점 직원이 일하는 것을 보고 수많은 사람들이 책을 찾고 읽는 것을 바라보았다. 마치 책을 보듯 그렇게 서점 안을 읽었다. 다양한 표정 다양한 움직임들을. 도심에서 집에 가야 하는 초조함도 없이 정갈한 식당에서 샤부샤부를 먹고 현대와 옛날이 공존하는 길을 걸었다. 코를 골며 자는 남편의 손을 잡고 나는 기도했다.
　"하나님, 감사합니다. 나에게는 꿈이 있습니다. 이런 행복을 주서서 감사합니다. 우리를 건강하게 지켜주시고 일상의 행복 속에서 꿈을 이루게 하여 주소서."

행복

주일 아침. 6층 아줌마를 엘리베이터에서 만났다. 부러운 눈빛으로 우리를 보며 말했다.

"두 분, 보기에 너무 좋아요."

나는 그저 빙긋이 웃으며 고개를 숙였다. 그분에게 공연히 미안했다. 내가 잘못한 것도 없는데 말이다. 나는 깨달았다. 살면서 누구나 한 번쯤 타인에겐 행복한 사람으로 비친다는 것을 말이다.

우리 집은 7층이다. 어쩌다 가끔 먹거리라도 생기면 그 집과 나누곤 한다. 조그만 텃밭을 가지고 있는 아랫집은 여름이면 가지, 호박, 상추, 오이를 우리 집에 가져다 준다. 가을에는 늙은 호박을 가져다주고 고구마를 가져다준다. 우리가 집에 없으면 비닐봉지를 현관문 손잡이에 걸어둔다. 우리 손자가 와서 쿵쾅거리고 뛰어놀면 미안해서 어쩌나 싶다. 그럼에도 그분들은 싫은 내색을 하기는커녕 도리어 '아이가 뛰어노는 소리가 너무나 좋다'며 웃으신다. 그런 분들이다. 부인은 주일 날 아침에 먼 곳으로 교회를 조용히 가는데 서두르듯 가는 모습이다. 그분들과 한번 진지하게 만나야겠다고 생각만 하는 중이다.

어느 소설 속에서 잊히지 않는 장면들이 있다. 미우라 아야꼬의 『빙점』 가운데 이런 장면이 있다. 기차역 플랫폼을 바라보던 기다하라와 요오꼬의 대화다.

"여행하는 사람들이 꽤 많군요. 대체 무슨 용무들이 있는 걸까요?"

삿포로 역의 5층 스테이션 빌딩의 벽에 눈길을 주고 있던 기다하라가 말했다. 그도 요오꼬와 같은 생각을 하고 있었던 것 같았다.

"출장을 떠나는 사람도 있을 것이고, 부모가 위독해서 오는 사람도 있겠지요."

"그렇겠군요. 시집오는 새색시도 있을지 몰라요."

기다하라는 요오꼬를 흘끔 바라보고 나서 낄낄 웃는다.

오늘같이 비가 오는 날에 험한 골짜기에 들어가 있다면, 병 가운데 있다면, 다른 사람이 모두 행복해 보일 것이다. 행복happiness은 우연한 사건happen이 어원이라던데, 행복과 불행은 단지 조금 더 좋은 사건happen과 조금 더 나쁜 사건happen의 엎치락뒤치락이 아닐까?

예레미야 24장 5절에는 바벨론 포로로 이끌려 간 사람들을 가리켜 이렇게 말한다. "내가 복을 주려고 이곳에서 갈대아 사람들의 땅으로 보낸 자들." 포로들은 끌려가면서 자기들이 복받은 자들이라고 생각하였을까? 절대로 그렇게 생각하지는 않았을 것이다. 바벨론으로 간 자들은 나중에 모두 돌아올 수 있는 특권이 있었다. 그런 결말을 그들은 상상도 못 하였을 것이다. 포로 된 자들은 자신들이 행복한 자들이라고 생각할 수 없었다.

시편 137편에서는 그들이 바벨론 강변에 앉아서 시온을 기억하며 울었다고 하였다. 바벨론 사람들이 포로들에게 '우리를 위해 시온의 노래들 중의 하나를 노래하라'고 하였을 때 그들의 기분이 어땠을까? 포로에서 돌아오면서 그들은 자신들이 너무나 애통해 하였던 것을 부끄러워했을지도 모른다. 그들의 결국은 복된 삶으로 귀결되었다. 이렇게 길게 인생을 본다면 내 어찌 불행해서 통곡하고 헤픈 '헤픈happen'에, 아니 '해피happy'에 마음을 빼앗길 것인가?

"형통 하는 날에는 기뻐하되 역경을 당하는 날에는 깊이 생각하라. 하나님께서 또한 이것과 저것을 마주 보게 두신 것은 사람이 자기 뒤에 일어날 일을 찾지 못하게 하려 하심이로다."

- 전 7:14

받고 싶은
사랑,
주고 싶은
사랑

Part 2

결혼식

친구의 아들이 결혼식을 했다. 친구의 아들은 우리 딸들과 같이 자란 아이다. 우리가 결혼했던 바로 그 예배당에서 결혼식을 했다. 우리 결혼식 날에는 신랑이 나는 듯이 입장을 해서 예배당 안이 폭소의 장이 되었다. 그때 우린 형편이 어려웠다. 그렇다고 해서 그것이 우리의 결혼을 막을 수는 없었다. 단지 한 지붕 아래서 살기 위해서 재래식 화장실 옆 문간방에서 살았는데도 한 번도 그 냄새를 맡은 적도 없었다. 아무도, 아무것도 생각하지 않고 우리 둘만을 생각했던 같다. 지금도 그럴 수 있느냐고 누군가 묻는다면 멈칫할 것 같다.

그곳에서 Y자매를 만났다.

"사모님, 사모님은 옛날보다 더 귀중히 여김을 받고 사랑받고 아낌을 받고 더, 더 행복하시죠?"

"네? 왜 그러나요?"

"사모님, 제 말 좀 들어보세요. 그저께가 우리 결혼기념일이었어요. 세무서에 갔다가 그날인 걸 알았죠. 남편에게 전화해서 그날인 걸 아느냐고 물어봤죠. 남편은 '그런가?' 하더군요.

저녁에 무거운 짐을 들어야 해서 남편을 만났는데, 남편이 그러는 거예요. '오늘은 특별한 날인데 우리 순댓국이나 먹고 갈까?' 하더라고요. 그 집이 너무 붐벼서 바깥 포장마차에서 기다렸다가 순댓국 한 그릇 먹고 들어갔죠."

결혼기념일에 순댓국이라. 피식 웃음이 나왔다. 우리는 첫 번째 결혼기념일에 돈가스 먹으려고 종로2가까지 다녀왔다. 남편에게 배려 받지 못한 섭섭함이 자매의 목소리에 묻어 있었다. 나이 드신 목사님이 이렇게 말씀하셨다.

"우리는 연애할 때와 지금을 바꾸라고 하면 안 바꿉니다. 왜냐하면 지금의 사랑은 농익은 사랑이기 때문입니다. 어설픈 풋사랑으로 돌아가고 싶지는 않습니다."

어릴 때는 그랬다. 목사님의 말을 듣곤, 과연 정말 그럴까? 하고 의구심을 갖기도 했다. 그래도 여자인 우리는 이렇게 말하고 싶다. 생활의 활력 같은 것을 기대하면 안 되나요? 순댓국보다는 멋진 레스토랑 식사가 더 두근거리니까요. 이제 막 결혼을 준비하는 사람들을 보며 결혼한 사람들은 은근히 부러워한다. 풋풋한 사랑을 그리워하기 때문인가 보다. 그리곤 속으로 이렇게 질시한다. '니네들도 살아봐라. 세상이 만만치 않을 거다.'

내가 시집올 때, 신랑 교회 목사님이 나에게 시편 45편 10, 11절을 주셨다.

"오 딸이여, 듣고 깊이 생각하며 귀를 기울일지어다. 또한 네 백성과 네 아버지 집을 잊을지어다. 그리하면 왕이 네 아름다움을 심히 사모하시리니 그분은 네 주시니라. 너는 그분께 경배할지어다."

전에 내가 다니던 교회를 잊으라고 하시는가 보다고 생각했다. 더불어 그 말씀을 귀 기울일 말씀으로 들었다. 어떤 태도로 살아야 하는가 생각하였다. 하나님이 주신 날에 사랑하는 아내와 함께 즐겁게 사는 것은 일평생에 수고하고 얻은 분복이라 했다. 결혼하는 것은 하나님의 축복임에 틀림없다.

잠언 18장 22절에는 이런 말이 있다. "누구든지 아내를 얻는 자는 좋은 것을 얻고 주의 호의를 얻느니라." 결혼하는 것은 복을 받는 것이다. 하나님의 호의는 페이버favour이다. 페이버favor는 선한 일을 하는 사람에게 주시는 하나님의 특별한 돌보심이다. 결혼 자체는 하나님의 눈에 기쁜 일이다. 아담을 위하여 이브를 만드신 분이다. 결혼은 이 세상을 운행하시는 하나님의 섭리이다.

오늘날에는 많은 사람들이 결혼을 거부한다. 사람들은 결혼할 여건이 되지 않는다고 말한다. 결혼해서 살 집이 없다고 한다. 초라한 집에서는 살 수가 없다고 한다. 직장을 제대로 잡을 수도 없는 마당에 어떻게 결혼을 할 수 있느냐고 한다. 여자도 직업을 가지는 세상에 어떻게 아이를 키우느냐고 한다. 일인 가구가 증가하는 이 시대에 '결혼이란 하나님의 축복이다.'라는 말은 허공을 치는 말이 될지도 모른다. 그래도 아내를 얻는 자는 좋은 것을 얻는다는 말에 귀를 기울였으면 좋겠다. 결혼하는 것이 하나님의 페이버favor를 얻는 일이라면 가슴이 떨리지 않을까?

"오늘 결혼한 아들아, 하나님의 축복이 임할지어다!"

미갈

유채꽃밭에 가서 정말 놀랐다. 연두와 노랑이 어우러진 색이 유채꽃 색이라는 것을 그날 처음 알았다. 그저 노랑이라고만 알았다. 유채꽃은 짙은 초록 꽃받침 위에 꽃 이파리 네 개씩을 달고 마구 솟아나고 있었다. 꽃밭 속에는 유채보다도 더 많은 명아주가 꽉 들어차 있었다. 우리 아버지 같았으면 다 뽑아냈을 풀을 관상용으로 가꾸는 셈이다. 잡풀이 살아남지 못했던 우리 집 텃밭을 생각하면 그 풀을 이용하는 서울 사람들이 영악해 보인다.

꽃과 잡풀이 어우러졌다. 그것은 환상과 현실이 어우러진 결혼생활 같아 보인다. 창세기 3장 16절을 읽을 때마다 왠지 미진한 해석에 페이지가 더디 넘어갔다. 얼마

전 '남편을 사모한다'는 것이 '악의를 가지고 대한다'는 해석도 가능하다는 말에 무릎을 쳤다. 그것은 여자를 남편의 권위 아래 두었다는 말씀이기도 하다. 가끔 남편은 나에게 '꽈배기 공장을 차렸나?'라고 말한다. 이 죄의 심성은 없어지지 않아서 가끔 스멀스멀 올라온다.

남편과 아내의 미묘한 갈등을 미갈과 다윗에게서 느낀다. 미갈은 사울의 둘째 딸이다. 비록 정략결혼이기는 하지만 미갈은 다윗을 사랑했고 그를 정말 좋아했다. 다윗이 블레셋에 망명해 있는 동안에 사울은 미갈을 라이스의 아들 발디엘에게 주었다. 후에 다윗은 왕이 되고서 사울의 아들 이스보셋에게 미갈을 돌려보내라 한다. 미갈이 다윗에게 올 때 그 남편 발디엘이 울면서 미갈을 따라오는 장면은 가슴 아픈 장면이기도 하다. 다윗이 모든 이스라엘을 통합하는 상징적인 의미로 미갈을 요구한 것 같지만 미갈에게도 큰 상처가 되는 일이었으리라.

다윗은 하나님의 궤를 자신이 있는 다윗성에 두고 싶어 했다. 언약궤가 다윗성으로 들어올 때 다윗은 몸을 드러내 놓을 정도로 힘껏 춤을 추고 미갈은 심중에 그를 업신여긴다.

"오늘 이스라엘 왕이 어찌나 영화로우시던지 오늘 자기 신하
들의 계집종들 눈에 몸을 드러내시되 마치 하잘 것 없는 자들
중의 하나가 염치없이 몸을 드러내는 것처럼 드러내셨도다."
"그것은 주 앞에서 한 것이라… 내가 이보다 더 낮아져서 나
스스로 보기에 천하게 될지라도 네가 말한 계집종들에게서는,
그들에게서는 내가 존경을 받으리라."

그리고 미갈은 죽는 날까지 자식이 없었다. 이 장면은
악의를 가지고 대하는 아내와 남편의 호된 결말을 보여
준다고 할까?

미갈은 보통 여자는 아니다. 왕의 딸이었고 서슬이 파
란 아버지에게서 신하들을 속이고 다윗을 구했다. 아버
지의 원수가 다윗이었는데도 그 다윗에게 시집을 간 여
자다. 아버지에 의하여 다른 남자에게 갔다가 다시 다윗
에게 돌아왔다. 그러는 동안 그녀의 마음에 쓴 뿌리가 자
라났나 보다. 그렇게 좋아했던 다윗이었는데 그녀는 언
약궤 앞에서 춤추는 다윗을 모멸하고 만다.

부부의 사랑이라는 것은 에로스의 사랑만으로는 일생
을 살기에 부족하다. 거기에는 영적인 아가페 사랑도 있

어야 한다. 미갈은 언약궤에 대한 다윗의 마음과 사랑을
읽지 못하였다. 똑똑하고 당찼던 미갈이 영적인 눈이 있
었더라면 다윗은 많은 여자를 얻지도 아니하였을 것 같다.
미갈을 발디엘에게서 다시 데려온 다윗을 볼 때 그도 미
갈에 대한 사랑이 있었을 것이라고 생각된다. 그녀는 다
윗의 목숨을 구해준 여자였으니까. 남자는 여자에게서
존경을 받지 못하면 모든 것을 잃어버린다고 생각한다.
미갈은 이것을 보지 못하였다.

꽃이 잡풀 사이에서 살지만 꽃의 아름다운 진수를 보
여주는 삶도 있다. 신장이식 수술을 마친 아내의 회복을
바라면서 김 목사님은 그 아내에 대한 애틋한 사랑을 말
하고 싶어 하셨다.

"우리 집사람은 아내로서, 어머니로서, 며느리로서 또
사모로서도 훌륭해요."

딱 그 한 마디였다. 햇볕이 따사로운 정원이 있는 한식
집에서 그렇게 아내에 대한 사랑을 표현하고 싶어 하셨다.
나에게는 그것이 가벼운 충격으로 부딪쳐왔다.

"많은 딸들이 덕스럽게 행하였으나 그대는 그들 모두보다
뛰어나다 하느니라."

잠언 31장의 현숙한 여자에게 남편과 자식들이 하는 말이다. 남편은 결혼 전에 이 말을 나에게 보내왔었다. 가당치 않지만 내가 정말 그런 줄 알고 또 그렇게 될 것 같았다.

"그녀의 손의 열매를 그녀에게 주라 또 그녀가 직접 행한 일들이 성문 안에서 그녀를 칭찬하게 할지어다."

이 말씀을 내 성경책 맨 앞쪽에 적어놓았다. 그렇게 될 것을 믿으면서. 내 안의 불쌍한 미갈이여. 머얼리 가거라.

사랑이라는 말

여명이 밝아오기 전, 밖은 차가운 공기가 가득한 것처럼 보였다. 아파트 굴뚝의 연기가 하얗게 뭉실뭉실 솟아올랐다. 빠른 속도로 강 쪽으로 도망가고 있었다. 새벽의 어둠 속을 지나다니는 몇몇의 자동차는 마치 숲속을 지나가는 개미처럼 보였다. 굴 밖으로 나와 부지런히 다니는 개미라고 생각되었다. 그리고 나는 아직 굴 속에 있는 또 다른 개미처럼 생각되었다. 퇴원하는 날 아산병원 11층 우리 병실에서 보는 바깥 풍경이었다.

"주께서 시온의 포로 된 것을 되돌리실 때에 우리가 꿈꾸는 자들 같았도다."　　　　　　　　　　　　　　　　－시 126:1

나는 계속 그 구절이 생각났다. 꿈만 같았다. 이 가을
의 모든 일들이 좋았기 때문이 아니다. 실감나지 않았기
때문이다. 어느 날 남편은 쓰러졌다. 우리는 우리에게 내려
진 중병의 선언이 믿기질 않았다. 입원실로 들어선 K목사님
은 포인세티아 화분을 들고 와서 조곤조곤 이야기했다.
사명이 있는 자는 결코 죽을 수 없다고 했다. 나는 포인
세티아의 선명한 색깔에 마음을 빼앗기면서 포인세티아
의 운명에 대해 생각했다. 그 선명한 색깔을 유지하는 것
이 그것의 사명이었다.

병원에서 수련의로 보이는 사람이 내게 말했다. 수술
시간이 두세 시간이 걸릴 것이라고 말이다. '수술이 시작
되었다'는 문자가 도착하고, 세 시간은 그런대로 넘겼다.
하지만 그 후부터는 앉아 있을 수가 없었다. 정방형의 복
도를 빙빙 돌기도 하고, 병원의 긴 복도를 오래 서성였다.
수술실 앞에도 가보고 말이다. 나는 그날, 하나님이 시키
면 무엇이라도 하겠다고 하면서 두근거리는 가슴을 진정
시키려 했다. 수술환자를 가진 가족의 마음이 이런 것이
로구나, 하고 느꼈다. 나의 삶은 얼마나 피상적인 것들이
많았는지를. 자신의 고통은 자신만 안다는 말이 이것이
구나 싶었다. 저 멀리서 침대를 밀고 오는 병원직원을 보

고 나는 달려갔다. 탕자의 아버지처럼.

　남편은 나를 보자마자 메마른 목소리로 말했다.
　"사랑해!"
　손짓으로 두 딸을 불렀다. 또 메마르고 타는 목소리로
말했다.
　"사랑해!"
　손짓으로 사위를 불렀다. 무슨 일인가 하여 긴장하며
귀를 바짝 갖다 댄 사위에게 말했다.
　"사랑해!"

　그날 밤, 계속 타들어 가는 그의 입술에 물에 적신 솜
을 연신 갖다 대 주었다. 그 모습을 보며 나는 십자가상
에서 목말라했던 예수님의 모습을 떠올렸다. 병정들은
신 포도주를 머금은 해융을 우슬초에 매어 그분의 입술
에 갖다 댔다. 예수님의 모든 외과적인 손상과 고통은 외
과적 수술을 받은 사람들의 고통과 닮은 것 같다. 남편은
아비규환과 같은 대형병원의 회복실에서 십자가의 고통
을 생각했다고 했다. 그리고 딱 세 가지를 마음에 새겼다
고 한다.
　'십자가, 가족, 교회.'

어떤 모친은 소녀들처럼 예쁜 편지지에 세 장이나 글을 써서 보내왔다. 사랑한다고. 그리고 편지봉투를 풀로 붙이고 검정색 볼펜으로 X표시를 했다. 산발랏과 도비야는 느헤미야에게 봉하지 않은 편지를 보냈는데, 이 모친은 그야말로 꽁꽁 봉한 사랑의 편지를 보내왔다. 수술시간에 마구 뛰는 가슴을 주체하지 못하는 나에게 어떤 자매는 전화를 걸어 울면서 말했다.

"우리가 아플 때 목사님이 위로해 주었는데 목사님은 누가 위로해 주느냐고…."

새벽기도 시간에 우리를 위해 간절한 기도를 드리는 어느 집사님을 보고 도전받았노라고 하는 어떤 집사님도 있었다. 그동안 우리가 얼마나 많은 사랑을 받고 있었는지를 깨달은 시간이었다. 겸허해지고 엄숙해지는 시간이었다.

남편은 수술이 끝난 후에 가장 하고 싶은 말이 바로 사랑한다는 말이었단다. 나는 우리를 위해 목숨을 바치신 하나님의 아들이 가장 하고 싶은 말이 사랑한다는 말이었다는 것을 새삼 깨달았다. 그분이 베드로에게서 듣고 싶은 말도 사랑한다는 말이었다. 하나님은 얼마나 사랑한다고 말하고 싶어 하는가! 보이는 것들로, 보이지 않는 것들로 사랑을 말씀하신다. 사람들로, 자연들로 말씀하신다. 나에게도 사랑한다는 말을 듣기 원하실 것 같다. 극한 상황에 있을 때 딱 하나 남는 말이 진짜 하고 싶은 말이다.

남편 아합과 아내 이세벨

아합은 북쪽 이스라엘 왕이다. 그는 나름대로 안정된 왕국을 유지하였다. 하지만 아내인 이세벨에 휘둘리는 연약한 남자였다. 그는 예스르엘 사람 나봇의 포도원을 갖길 원하였다. 그가 나봇의 포도원을 원한 것은 그 밭을 채소밭으로 삼기 위해서였다. 나봇은 조상의 재산을 넘겨줄 수 없다고 한다. 왜 줄 수 없는지를 이해하는 아합은 나봇의 포도원을 포기한다. 왕이 집으로 돌아와서는 침상에 누워 얼굴을 돌리고 빵을 먹으려 하지 아니하였다. 그 모습을 본 이세벨은 그 이유를 묻는다. 아합이 빵도 먹지 않았던 이유가 나봇의 포도원 때문이라는 걸 안 이세벨은 나봇을 모함하고 죽인다. 그리고는 남편에게 나봇의 포도원을 취하라고 한다.

계교로 백성의 포도원을 빼앗는 이세벨이다. 그 아내가 시키는 대로 나봇의 포도원을 취하는 아합을 보면 참 쩨쩨하다는 생각이 든다. 백성 하나도 통치하지 못하고 자신의 욕망을 절제하지도 못하고, 하나님의 말씀에 대해서는 순종도 아니고 불순종도 아닌 애매한 태도를 취한다. 그가 나봇의 포도원을 포기한 것은 조상의 상속 재산이라는 말 때문이었다. 식음을 전폐한 남편을 보고 주저 없이 살인을 불사하고 거짓말로 상속 재산을 가로채는 이세벨이 그의 아내였다.

아합을 만난 엘리야는 그의 죄를 책망하면서 말한다. 아합에게 속한 자로 도시에서 죽는 자들은 개들이 먹고 들에서 죽는 자는 공중의 새들이 먹으리라고. 아합은 엘리야의 예언을 듣고 자기 옷을 찢고 굵은 베를 몸에 두르며 금식하고 굵은 베에 눕고는 천천히 갔다. 그가 겸손하게 행하는 것을 보고 하나님은 말했다. 그의 시대에는 재앙을 내리지 아니하고, 그의 아들의 시대에 재앙을 내리겠다고 하신다.

그는 하나님에게 고집을 피우는 사람도 아니다. 하나님의 말씀에 대하여는 또 겸손히 행하였던 사람이다. 그런데도 아내인 이세벨에게 휘둘렸다. 악한 여자의 대명사가 이세벨이다. 그녀는 시돈의 공주로 이스라엘 왕인 아합에게 시집을 왔다. 그녀는 시집을 오면서 시돈 사람의 신인 바알을 가지고 왔다. 그녀로 인하여 이스라엘은 여로보암의 금송아지를 숭배하는 죄에 바알 숭배를 더하였다. 그녀의 혼수가 바알신인 셈이다. 솔로몬이 망하게 된 이유가 이방 여인들과 그녀들이 가지고 온 이방신이었다. 그 전철을 아합이 밟게 되었다. 그것은 후에 그들의 딸인 아달랴가 남쪽 유다로 시집을 가면서 남쪽 유다에까지 전파되었다.

성경은 아합과 같이 자기 자신을 팔아 주의 눈앞에서 악을 행한 자가 없었으니 그의 아내 이세벨이 그를 부추겼다고 하였다. 아합은 강한 성격의 소유자가 아니었다. 신앙도 강한 자가 아니었고 올바른 도덕성을 가진 자도 아니었다. 하나님을 무시한 자도 아니었다. 아내를 잘 다스린 자도 아니었다. 아합은 이세벨이 시키는 대로 하였다.

가정은 남자가 머리이다. 남자는 가장이다. 그것은 남자가 가정에 대한 책임을 수반할 것을 이야기한다. 아합은 왕이었는데도 왜 그렇게 무능한 남자로 비치는지 모르겠다. 그는 모든 책임을 뒤로한 채 이세벨이 죄악을 저지르도록 방관하며 그 죄에 소극적으로 참여한다. 여자가 좌지우지하는 것은 지금도 보기에 좋지 않다.

언젠가 딸들과 이야기하다가 이렇게 물었다.

"너희들이 남편을 백 퍼센트 움직인다면 어떻겠느냐?"

딸들이 멈칫거리던 것을 기억한다. 사실 내가 생각해도 그렇다. 내가 남편을 백 퍼센트 내 뜻대로 움직인다면 무슨 재미가 있을까 싶다. 모든 여자는 그것을 원하지만 그렇게 된다면 나는 별 볼 일 없는 남자와 사는 것이 된다. 아합과 같이 여자에게 휘둘리고 아내가 부추기는 대로 사는 남자라면 시시한 남자다. 나는 아합과는 정반대의 남자와 살겠다. 잠깐 불만이 있을 순 있지만, 가정의 머리가 되고 나를 영적으로 리드할 수 있는 사람 말이다.

보디발의 아내와 메살리나

이집트에 있던 요셉은 용모가 준수하고 잘생겼다. 주께서 요셉으로 인하여 그의 주인 보디발의 집에 복을 내리셨다. 그 복은 보디발의 집과 들에 있던 그의 모든 소유에 이르렀다. 보디발은 주께서 요셉과 함께 계심을 보고, 또 주께서 요셉이 행한 모든 일을 그의 손에서 형통하게 하심을 보았다. 그래서 그는 모든 소유를 요셉에게 맡기고 자기가 먹는 빵 외에는 아무것도 알지 아니하였다. 아마도 보디발은 그의 직책인 호위대장의 일에만 전념하고 가정사는 돌보지 아니한 것 같다.

흰 와이셔츠를 입고 일에 몰두하는 젊은 남자는 정말 멋있어 보인다. 그것은 화이트칼라이든 블루칼라이든 자기 일에 열심인 사람에게서 느낄 수 있는 일종의 경이다. 잘생긴 요셉이 이렇게 빛나고 있을 때 그 요셉을 흠모했던 보디발의 아내가 있었다. 그것은 결국 요셉을 소유하고자 하는 마음으로 이어졌다. 보디발의 아내는 날마다 요셉에게 눈길을 보내다가 동침할 것을 요구한다. 날마다 조르는 보디발의 아내를 피하던 요셉은 그녀와 함께 있지도 아니하였다. 어느 날 보디발의 아내의 계략에 의해 함정에 빠졌던 요셉은 그의 옷을 붙잡던 보디발의 아내와 그의 겉옷을 남겨둔 채 급하게 도망하였다. 그는 죄와 대결하지 아니하고 피하여 갔다.

어느 날 나에게 창세기 39장 16절이 하나의 장면으로 들어왔다.

"자기 주인이 집으로 돌아올 때까지 그의 옷을 자기 곁에 두니라."

요셉이 버려두고 간 옷을 자기 남편이 돌아올 때까지 그녀는 곁에 두었다. 그 옷을 어루만졌을까? 아니면 노려보고 있었을까? 아마도 분노와 절망이 뒤섞인 마음이었으리라. 보디발과 그의 아내는 소통하는 부부는 아닌 것 같다. 보디발은 아내의 심기만 건드리지 않으려고 노력하는 걸로 보여진다. 요셉의 말은 들어보지도 않고 일방적으로 아내의 말만 들었다.

　에스더서에 나오는 하만의 아내는 세레스였다. 그녀는 모르드개에 관하여 남편에게 조언을 했다. 하만의 아내도 이름이 있고, 아합의 아내 이세벨도 이름이 나오는데 보디발의 아내는 이름이 없다. 아마도 그녀가 이름이 언급되었다면 이 세상의 모든 여자 중에 가장 유명한 여자가 되었을지도 모른다. 모든 예술 작품에 분명히 등장하고 많은 사람의 입에 회자되었을 것이다. 그녀가 남편의 사랑을 진정 받지 못하였던 가련한 여자로 내게 다가왔다면 지나친 비약일까?

　로마 황제 클라우디우스에게는 메살리나라는 황후가 있었다. 35살의 나이 차이가 났던 그들 부부는 어쩌면 보디발의 부부 같기도 하다. 클라우디우스는 가정사에는 무관심했고 계략을 꾸몄던 보디발의 아내를 하인들이 무시하였을 것처럼 그도 그의 아래 사람들에게 얕보였다고 한다. 혹자는 그의 가장으로서의 무책임이 아내의 방종을 조장하였다고도 한다. 허영심과 물욕의 노예가 되었던 메살리나는 성욕도 동시에 추구하였다. 황후는 밤마다 황궁이 있는 팔라티노 언덕을 내려왔다. 그리고 그 언덕 옆에 세워진 대경기장의 관람석 밑에 즐비하게 늘어서 있는 매음굴에서 창녀가 되곤 했다고 역사가들은 말한다. 그것은 전설일 수도 사실일 수도 있다는 말이다. 현대 이탈리아어의 '메살리나'는 성욕을 억제하지 못하고 아무하고나 자는 여자의 대명사로 쓰인다고 한다. 보디발의 아내로서는 그녀의 이름이 성경에 언급되지 아니한 것이 얼마나 다행스러운 일인가!

안나 카레니나

소설 『안나 카레니나』에 다음과 같은 구절이 등장한다. '행복한 가정은 모습이 비슷하고 불행한 가정은 모두 제각각의 불행을 안고 있다.' 이 소설은 백 년이 넘는 세월의 흐름에도 불구하고 인간의 삶이 똑같다는 것을 보여준다. 이 소설을 읽으며 지금 이것이 출판되었다면 분명 베스트셀러 내지는 스테디셀러가 되었을 것이라 생각한다. 그것은 통속적이면서도 또한 결코 통속적이지 않다. 톨스토이는 여기에서 영원한 진리를 찾고자 하는 갈망과 연애의 매혹과 결혼의 현실감을 적나라하게 표현하고 있다. 세세한 러시아인 삶의 일상과 농촌의 개혁과 전쟁에 관한 생각들이 자신의 입장을 대변하는 듯한 레빈의 삶을 통해 전해진다.

레빈과 키티의 결혼생활에 대한 묘사는 너무나 공감이 간다. 결혼 후 몇 달이 지난 후에 레빈은 그의 행복이 상상하던 것과 전혀 다르다는 것을 알게 된다. '걸음걸음마다 그는 호수 위를 행복하게 떠다니는 보트를 황홀하게 바라보던 사람이 그 보트에 몸소 앉았을 때 느꼈음직한 것을 경험했다. 그는 흔들리지 않고 반듯하게 앉아있는 것만으로는 부족하다는 것을 깨달았다. 어디로 흘러가고 있는지 한시도 잊지 말고, 발 아래에 물이 있다는 점, 노를 저어야 한다는 점, 익숙하지 않은 손으로 하면 아프다는 점, 보고만 있을 때는 쉬울 것 같지만 그것을 직접 해보면 무척 즐겁기는 해도 굉장히 힘들다는 점까지 염두에 두어야 했던 것이다.'라는 글을 읽고는 너무나 공감이 가서 피식 웃었다. 톨스토이는 부부싸움도 많이 하고 가출도 했었고, 마지막에도 가출을 해서 객사를 한 사람이니 이렇게 실제적인 표현은 일도 아니었으리라.

알렉세이 알렉산드로비치 카레닌의 아내인 안나 카레니나는 자신의 오빠 부부를 화해시키기 위해 페테르부르크에서 모스크바에 왔다가 무도회에서 브론스키 백작을 만나 열렬한 사랑에 빠져 버린다. 남편과 아들을 배반한 채 브론스키 백작과 사랑의 도피를 한 안나는 브론스키의 사랑을 갈구하며 집착한다. 하지만 결혼한 남자는 여자 하나만으로는 절대로 만족하지 못한다는 것을 안나는 알지 못했다. 자신의 세계를 갖고 싶어 했던 브론스키는 안나에게 질려버리고 만다. 그것은 브론스키 백작 어머니의 말처럼 분별없는 열정인지도 모른다.

　안나와 브론스키의 부부싸움에 대한 묘사는 너무나도 리얼하다. 그들의 갈등과 심리상태가 생생하게 드러난다. 감정이 폭발한 안나는 기차에 몸을 던진다. 자살한 것이다. 그 순간 그녀는 말한다. '내가 어디에 있는 거지? 내가 뭘 하고 있는 거야? 무엇 때문에?'라고 말한다. '하나님, 나의 모든 것을 용서하소서'라고 절규한다. 특이한 것은 안나가 죽은 7부에서 소설이 끝나지 않고 레빈의 일상이 8부에서 계속된다. 어느 한 개인의 삶이 끝나도 이 세상 사람들의 삶은 시간과 공간 속에서 계속 이어짐을 말해주는 것 같다.

　톨스톨이는 고차원을 지닌 사람이다. 요즘에 신문과 잡지에서 안나 카레니나가 자주 언급이 되어서 제대로 읽어보리라는 생각으로 이것을 읽게 되었다. 대하소설 같은 분량인데 아주 재미있게 읽었다. 그리스도인은 소설을 읽어도 되는가? 그리스도인은 드라마를 보아도 되는가? 그리스도인은 영화를 보아도 되는가? 지금 시대에 이런 질문을 하면 거의 모두가 웃을지도 모른다. 그렇지만 내가 이십 대 때에는 이것은 심각한 문제였다. 어떤 사람은 영화를 보았다고 하면 어찌 그럴 수 있느냐는 눈초리로 보았다. 어느 틈에 이런 것들은 어떤 이슈 축에도 끼지 못한다.

사실 넓게 보면 요즘의 미디어 예술에 대한 것은 이해하지 못할 것도 아니다. 이 세상의 모든 예술은 인간이 만드는 것이다. 이 예술로 하나님을 찬양하고 하나님을 욕되게 하기도 한다. 창세기 4장에 나오는 유발은 하프와 오르간을 다루는 모든 자들의 조상이 되었다고 한다. 두발가인은 놋과 쇠로 된 것을 만드는 모든 장인을 가르치는 자였다고 한다. 예술은 여기에서부터 언급된다. 인간 세상에서 사람이 만들 수 있는 것이 예술이다. 히브리어를 공부해서 히브리어로 구약성경을 읽었다는 톨스토이는 범상치 않은 사람이다. 겨울이 오면 러시아 소설이 제격이다. 올해도 마지막 달이 지나간다. 범상한 나는 또 한 해를 보내며 제발 후회 없는 삶이기를 바랄 뿐이다.

그녀의 눈꺼풀

잠언 6장을 읽다가 25절에 딱 걸렸다.

"그녀의 아름다움을 따라 네 마음속에 정욕을 품지 말며 그
녀가 그녀의 눈꺼풀로 너를 붙잡지 못하게 하라."

솔로몬은 잠언에서 많은 교훈을 말하고 있지만 그중에
서도 여자에 관한 부분은 땅을 다지고 다지듯 몇 번을 말
하고 말하는지 모른다. 자신이 가장 많이 실패한 부분이
그 부분이어서 그런지도 모르겠다. 남자를 유혹할 수 있
는 여자의 무기는 아름다움과 눈꺼풀인가 보다. 사실 남
녀의 모든 사랑은 눈으로 봄으로부터 시작되니 눈의 중
요함은 말할 필요도 없다. 눈꺼풀을 어떻게 사용하느냐

에 따라 그 결과는 엄청난 차이가 나는 것 같다. 사람의 눈은 많은 말들을 하고 있고, 그 눈의 말을 통하게 하고 차단하는 일은 눈꺼풀이 맡는다. 새삼 의식하지도 못했던 눈꺼풀의 존재가 무겁게 다가온다.

'십자군 이야기'에서 초기의 십자군 전쟁에 나갔던 사람 중의 하나인 보에몬드 공작에 대해 나오는 부분이 있다. 그는 그리스도교도뿐 아니라 적인 이슬람교도 여자들한테도 인기가 있었다. 큰 키에 금발이고 마른 편이지만 탄탄한 체격을 가진 그는 파란 눈으로 쏘아보듯 사람을 보았다. 행동거지가 당당하여 거친 성격이면서도 냉정하고 교활했다.

'여자란 결혼 상대를 고를 때는 안정을 최우선으로 생각한다. 하지만 그게 아니라면 사회의 통념에서 벗어나 있고 신뢰할 수도 없는 형편없는 인간이라는 것을 알아도 미워할 수 없는 남자에게 끌리는 법이다. 위험하다는 걸 알면서도 모험에 나서는 남자에게 매력을 느낀다. 여자에게 있어서 이런 종류의 위험한 남자는 나이와 종교의 차이를 넘어 그저 '남자'로만 보인다.'라는 글이 있다. 여자들은 어느 정도 나쁜(?) 남자에게 끌리는 것 같다.

솔로몬은 여자의 외모를 조심하라 하였다. 시오노 나나미의 남녀론은 나쁜 남자가 매력 있다고 들린다. 여자들은 대부분 이런 것 같다. 나쁜 남자인 줄 알면서 거기에서 빠져나오지를 못한다. 이것은 수많은 에로스 사랑의 공식이다. 하지만 여자는 궁극적으로는 남자의 외모에 반하는 것이 아니라 인격에 반한다고 한다. 반면에 보통의 남자는 여자의 외모에 반한다. 남자는 그만큼 단세포인지도 모른다.

불경스럽지만 아담도 하와의 외모에 반한 것은 아닐까? 모든 것을 가졌던 솔로몬은 아무 걱정이 없었다. 세상의 모든 지혜를 가졌음에도 자신의 선을 지키지 못하였다. 자신의 분신을 '뼈 중의 뼈요 살 중의 살'이라 외쳤던 아담처럼 한 여자로 만족하지 못하였다. 자신의 권력과 능력을 자신에게 집중하다 보니 천 명의 처첩을 거느리게 되었다. 그리고는 말년에 그의 아들에게 자신의 실패를 거울삼아 교훈했다. 사랑은 종잡을 수가 없다. 솔로몬은 가난한 농부 출신인 술람미 처녀를 좋아하고 사랑해서 아가서를 쓰기도 했다. 그 아가서의 고백은 아름다운 사랑의 절정이다.

아담이 고백한 '뼈 중의 뼈요 살 중의 살'이라고 하는 고백은 과연 어떤 종류의 고백일까? 에로스? 아가페? 남자는 여자의 아름다움과 눈꺼풀에 무너지기도 한다. 사랑에 있어선 극과 극의 모습이 있다. 아아~ 여자의 눈꺼풀에 무너지는 남자의 연약함이여!

남은 자 칠천

사모님들은 목회자 친교회에서 모이면 자식들 이야기를 많이 한다. 사람들의 관점에서는 잘난 자식도 있고 못난 자식도 있다. 한결같이 가슴이 아리도록 잘 되기를 바라는 마음이다. 아들을 가진 어느 사모님이 말했다.

"우리 아들은 결혼 전까지 동정을 지켜야 한다고 믿는 아이인데 친구 엄마가 장가가기 힘들겠다고 하던데요."

그 애길 듣곤 사람들이 놀란 기색을 보였다. 그런 반응들 틈에서 내가 말했다.

"엘리야도 자신만 혼자 남았다고 투덜댔지만 하나님은 칠천을 남겨 두셨다고 하셨잖아요. 세상 어디엔가 남은 자 칠천이 있을 거예요. 우리 아이를 남은 자 칠천 속에 속하도록 키우면 되지 않겠어요?"

이튿날 우리 교회 성경공부 모임에서 그런 이야기들을 나누었다. 분분한 의견들 속에서 우리 기준이 아닌 성경의 기준으로 아이들을 키워 남은 자 칠천이 되게 하자는 결론이었다. 정부도, 학교도, 어떤 기관도 그런 일들을 해낼 수는 없다. 최후의 보루는 교회뿐이다. 그날 우리는 우리 교회를 그렇게 만들자는 작은 다짐들을 하였다.

엘리야는 갈멜산에서 바알의 대언자 사백오십 명과 아세라의 대언자 사백 명과 대결하였다. 그 대결에서 엘리야는 혼자 몸으로 그들을 이기고 모두 죽였다. 아합 왕이 아내인 이세벨에게 그 이야기를 하자 이세벨은 내일 이맘때까지 엘리야를 죽이겠다고 하였다. 이세벨의 말 한마디에 엘리야는 도망을 간다. 광야로 가서 로뎀나무 밑에서 죽기를 구하였다. 하나님이 엘리야에게 여기에서 무엇을 하느냐고 물으셨다. 엘리야는 볼멘소리로 말했다. 자신이 하나님을 위하여 일하였지만 이제는 죽게 생겼다고 말이다. 엘리야는 계속 자기가 혼자 남았다며 볼멘소리를 한다. 그런 엘리야에게 하나님은 말씀하신다. 하나님 당신 자신을 위하여 이스라엘 안에 칠천 명을 남겨두었다고 말이다. 칠천 명이나 있었는데 엘리야는 자신만 혼자 남았다고 하였다.

아합이 주의 대언자들을 끊어 버릴 때, 아합의 궁내 대신 오바댜는 대언자 백 명을 데려다가 그들을 오십 명씩 굴에 숨기고 그들에게 빵과 물을 먹였다. 서슬이 퍼런 아합 밑에서 오바댜는 그렇게 하였다. 오바댜는 주를 크게 두려워하는 자였다고 성경은 말한다.

사람들은 어떤 의로운 일을 하고자 할 때 자신만 혼자 한다고 느낀다. 마치 이 세상에서 의로운 사람은 자신만 있는 것처럼 말이다. 어떤 일을 할 때 내 주변에 의로운 사람들이 있다는 사실을 간과해서는 안 된다. 그들이 보이지 않을지라도 말이다. 엘리야처럼 커다란 승리를 거두었지만 한낱 한 사람에게 쫓겨가는 일이 없도록 말이다. 자신이 의롭다는 마음이 충만해서 엘리야는 그렇게 하지 않았을까? 자신만 옳다는 생각은 그토록 위험하다. 그런 생각들은 수시로 사람 마음을 비집고 들어온다.

요즘의 대기는 아카시아 향으로 가득 차 있다. 아침과 밤이면 봄의 현란한 꽃들이 지고 오월의 하얀 꽃들이 만발한다. 이팝나무가 거리에서 흔들리더니 아카시아가 머리가 어지러울 정도로 진한 향을 토해냈다. 며칠 전 뒷동산에 올랐다. 산에는 쪽동백이 하얗게 피었다. 때죽나무가 하얀 꽃을 별처럼 달고 있었다. 찔레꽃이 노란 꽃술과 함께 하얀 꽃잎을 활짝 드러내었다. 아카시아가 온 천지에 하얗게 매달려 있었다. 산에는 순백의 꽃들이 그득하였다.

오월의 신부 같은 하얀 꽃 하얀 향에 혼미한 요즘이다. 이 하얀 꽃들을 보며 순결을 생각한다. 그것은 하나님에 대한 순결이기도 하고 사람에 대한 순결이기도 하다. 아파트 언덕배기에 찔레꽃이 무리지어 피어 있다. 나는 찔레꽃만 보면 가슴이 두근거린다. 아카시아는 너무나 진한 향을 가지고 있어서 때론 마음에 들지 않기도 한다. 찔레꽃의 은은함은 가히 환상적이다. 항상 궁금한 것이 있다. 베다니 마리아가 깨뜨렸던 옥합의 향은 어떤 향일까?

내 친구 이야기

미국 사우스 캐롤라이나에 사는 내 친구는 몇 년 전에 미군 병원에서 척추 수술을 했다. 그 수술이 잘못되어 국가를 상대로 소송 중이다. 친구가 지난주에 너무나 기뻐서 전화를 걸어 왔다. 삼 일이나 법정에 나갔고 사연도 많았다 한다. 국가를 상대로 한 소송은 배심원도 없이 우리나라처럼 판사가 판결을 내린다고 한다. 흐린 날씨로 몸이 쑤셔서 앉았다 일어섰다 했더니 판사가 누워서 편하게 있으라고 해서 누워서 재판을 받았다.

친구는 어릴 때 사고로 등이 굽었다. 척추를 펴는 수술을 받았다. 몸 안에 철심을 몇 개 박는 수술을 했다. 그것이 잘못되어 가끔씩 통증으로 말할 수 없는 고통을 받

는다고 했다. 몸의 신경들이 한 번씩 일어나서 신호를 보
내면 진통제도 듣지 않는다. 통증 때문에 병원 신세를 져
야 하지만 그조차도 쉽게 듣지 않는단다. 수술 후 집안
살림은 물론 아내 노릇, 엄마 노릇도 할 수가 없다고, 통
증이 엄습할 때에 엄마도 없는 친구는 괴로움을 토로하
고자 시도 때도 없이 나에게 전화를 했다.

판사가 친구에게 이렇게 물었다고 한다. 수술 후의 우
울증은 어떻게 극복했느냐고. 그 질문에 친구는 이렇게
답했다고 한다.

"나는 구원받은 그리스도인입니다. 미국의 법정에서 자신의
신앙을 피력하는 것은 금지되어 있다고 한다 나는 이런 최악의
상황에서도 하나님을 믿기에 그 힘으로 여기까지 왔습니
다. 나는 어느 누구도 원망하거나 미워하지 않고 하나님께
서 이 상황을 선으로 인도해 주실 것을 믿습니다."

그 친구의 남편은 소심한 성격이다. 그 남편에게 아내
가 어떻게 지내는지를 말하라 할 때 그는 이렇게 말했다
고 한다.

"나는 구원 받은 그리스도인입니다. 내가 퇴근해서 돌
아오면 아내는 잔디밭 한쪽에서 울고 있었습니다. '오늘
도 주님이 안 오셨어요. 나를 데리러 안 오셨어요.' 다음

날도 또 그다음 날도 아내는 울고 있었습니다. 아내는 주님의 휴거를 기다리는 것이었습니다.”

법정 안은 숙연해졌고 사람들은 감동하였다. 법정 내부의 긴장감이 한순간에 풀어졌다. 친구는 이유가 어찌 되었든 상관없었다. 그저 자신의 이름이 워싱턴에서 수천, 수만 번이 불려서 엉뚱하게 감격했을 뿐이었다. 간호조무사로 일하다가 간호사 자격시험을 준비하던 친구의 이력이 보상 액수를 결정하는 데 중요한 단서가 된 셈이다. 아내 노릇, 엄마 노릇 못 하는 것에 대한 보상도 청구했다고 한다. 판사의 결정이 모든 것을 판가름하는데, 판사가 나가다가 문득 뒤돌아서서 저쪽의 변호사에게 말했다고 한다.

“엄마 역할, 아내 역할을 못 한 것에 대한 보상도 집어넣으시오.”

친구의 변호사가 속삭였다.

“판사가 당신을 좋아하는 것 같아요.”

법정 문은 두껍고 무거워서 휠체어를 밀던 친구의 남편은 누군가의 도움이 필요했다. 냉담했던 사람들은 첫날에는 아무도 문을 여닫는데 도와주지 않았다. 나중에는 서로 와서 웃으며 도와주었다. 자신의 결백을 주장하며 잔뜩 준비해 왔던 담당 의사가 웃으며 손을 내밀었다.

"내가 실수했어요. 당신을 불행하게 만들어서 미안해요. 앞으로 행복하게 살기를 바라겠어요."

"아니에요. 나는 당신을 미워하지 않아요. 하나님의 축복이 당신의 앞길에 있길 바라요."

내 친구는 고아로 자랐다. 등은 굽고 키도 정말 작다. 나보다도 작다. 160센티미터도 안 되는 나와 나란히 서면 내 어깨쯤에 친구의 머리가 온다. 교회에서 찬양대 지휘를 했는데 그 모습에 반해서 미국인 남편이 결혼을 했단다. 일찍 결혼하는 미국 사람들과 달리 그는 나이가 많아도 결혼할 생각을 하지 않았다. 남편의 어머니는 언젠간 말했다고 한다. 아들이 결혼을 하겠다고 했을 때, 도대체 어떤 여자이길래 내 아들이 결혼하고 싶어 하느냐며 궁금해하셨다고. 남편의 아내 사랑은 못 말린다. 내 친구와 내가 사진을 찍을 때도 셔터를 누르며 자기 아내만 바라본다. 자신의 아내가 세상에서 제일 예쁜 사람이란다. 자기 아내가 이 세상에서 제일 똑똑하다고 생각한다. 내 친구를 감싸 안고 모시듯 길을 걸어가면 많은 사람들이 걸음을 멈추고 쳐다본다. 아내에게 얼마나 잘하는지 모른다. 내 남편이 그 모습을 보고 본받았으면 좋겠다 싶다. 그런 이유에서 남편을 불러본다. 하지만 그는 내 쪽으로 오는

것을 내켜하지 않는다. 친구 남편은 미국 사람인데다 사
랑에 눈이 멀었으니, 그런 부부의 모습을 내 남편이 보기
에도 거북하겠다.

친구는 두 아들에게 노래를 가르쳐주었다. 가족이 항
상 화음을 맞추어 노래를 한다. 언젠가는 한의원에서 노
래를 하는 바람에 내가 당황하기도 했다. 친구의 남편은
자기들이 노래하는 걸 자랑스레 여긴다. 자랑하고 싶어
한다. 나는 제대로 외워서 하는 노래가 하나도 없다. 하지
만 내 친구는 노래도 잘하고, 외우는 노래도 많다. 수백,
수천 개는 될 것 같다. 노래를 신청하면 언제든 노래가
나온다. 찬송가, 가곡, 영화 속의 노래, 영어 노래 등 못
하는 노래가 없다.

사우스 캐롤라이나가 추워지고 있다고 한다. 친구의
시부모님에게도 내복을 보냈다. 친구 말이 미국 사람들
은 내복을 안 입는다 한다. 처음 알게 된 사실이었다. 모
르는 사람에게서 선물을 받았으니 마음이 흐뭇한 것으로
대신하면 됐다. 하나님은 공평하시다. 많은 약점에도 불
구하고 내가 따라갈 수 없는 것을 친구에게 주셨으니 말
이다. 친구가 육체적인 고통에서 회복되기를 기도한다.

친구는 하나님 때문에 항상 당당하다. 어디서나 언제나
인간승리다.

시어머니와 며느리, 여자와 여자

룻기를 나오미의 입장에서 읽어보았다. 이상적인 시어머니와 며느리의 관계를 이야기할 때에 나오미와 룻을 빼놓을 수 없다. 이것은 5월 가정의 달에 이상적인 표본으로서 항상 등장하는 이야기다. 며느리를 언제나 딸 같이 대하리라고 마음먹는 시어머니들이 있다. 시어머니를 친정엄마같이 대하리라고 마음먹는 며느리들도 가끔 보인다. 그런데 이 관계는 왜 항상 성공적이지 못할까?

나오미는 기근으로 인해 베들레헴에서 모압 지방으로 남편과 아들 둘과 함께 이주하였다. 그러나 그곳에서 남편과 두 아들이 죽는다. 나오미는 그녀의 고향 베들레헴에 다시 풍족함이 임하였다는 것을 들었다. 그녀는 두 며느리와 함께 고향으로 다시 떠난다. 이스라엘에는 기업을 무른다는 개념이 있다. 큰아들이 자식이 없이 죽으면 둘째가 그의 형수에게 들어가 자식을 낳아 그 형의 아들이 되게 한다. 그리하여 하나님이 주신 기업이 유지되도록 하는 것이다. 기업을 무르는 것에는 토지와 자식이 있다.

이런 기업 무르는 개념을 이용해 사두개인들은 예수님을 시험하였다. 사두개인들은 바리새인들과 달리 부활을 믿지 않았다. 큰아들이 자식이 없이 죽으면 둘째가 형수와 결혼을 하고 둘째가 자식이 없이 죽으면 또 그 형수가 셋째와 결혼을 해서 일곱째까지 가면 나중에 부활할 때에 그 여자가 누구의 아내가 되겠느냐는 질문을 하였다. 예수님은 이 질문에 대하여 이 세상의 자녀들은 장가도 가고 시집도 가지만 부활한 자들은 장가도 가지 아니하고 시집도 가지 아니한다고 하신다. 그들은 천사들과 동등하며 하나님의 자녀들이라고 하신다. 하나님은 아브라함의 하나님, 이삭의 하나님, 야곱의 하나님으로서 그는 죽은 자의 하나님이 아니라 산 자의 하나님이라고 하신다.

나오미는 베들레헴으로 가는 노중에서 며느리들에게 말한다. 자기는 이제 자식을 낳을 수 없으니 그들의 고향으로 돌아가라고 말이다. 그때 며느리 오르바는 시어머니에게 입을 맞추고 모압으로 돌아가지만 룻은 시어머니와 함께할 것을 결심한다. 룻은 어머니가 가시는 곳에 나도 가고 어머니가 머무시는 곳에 나도 머물고, 어머니의 백성이 내 백성이 되고 어머니의 하나님이 내 하나님이 되시고, 어머니께서 죽는 곳에서 나도 죽어 거기 묻힐 것이라고 말한다. 나오미는 룻이 굳게 결심한 것을 보았다.

베들레헴에서 나오미는 룻의 삶을 진두지휘한다. 3장 1절에서 나오미는 이렇게 말한다.

"내 딸아, 내가 너를 위해 안식할 곳을 구하여 네가 잘되게 하여야 하지 아니하겠느냐?"

나오미의 조언을 들은 룻은 보아스와 결혼하게 된다. 룻은 자식을 낳아 베들레헴에서 최고의 삶을 맞는다. 이런 일이 어떻게 가능할까. 아무리 3천 년 전의 일이라곤 하지만 며느리와 시어머니의 관계만으로 이런 일이 나올 수 없다고 생각한다. 베들레헴으로 가는 도중에 나오미와 룻은 시어머니와 며느리가 아닌 여자와 여자로 만난다. 거기에 하나님에 대한 신뢰가 더해져서 이런 관계를 이루었다고 생각한다. 룻은 나오미의 하나님을 택한다. 그녀의 신앙 배경은 모압이다. 이방 여인이 그의 신을 바꾼다는 것은 자신의 모든 것을 내놓았다는 것이다. 나오미는 룻에게서 며느리가 아닌 한 여자를 보았고, 룻은 나오미에게서 시어머니가 아닌 한 여자를 보았다. 그들은 인격적으로 만났다.

그들은 서로에 대한 전적인 신뢰가 있었다. 룻이 낳은 오벳은 메시야의 족보에 오른다. 여자 대 여자로 만났다고 생각하는 순간, 백화점의 매대에서 누워있던 옷들이 옷걸이에 걸려 진가를 발휘하는 것처럼 느껴졌다. 자기 소견대로 행하던 사사 시대에 크게 쓰임 받았던 두 여인을 보았다.

혼수

결혼할 때에 여자가 가지고 가는 예물을 보통 혼수라고 한다. 열왕기상 9장에는 이집트의 공주가 솔로몬에게 가지고 오는 혼수가 기록되어 있다. 이집트 왕 파라오는 게셀이라는 도시를 탈취하고 그 도시를 시집가는 딸에게 혼수로 준다. 그 공주는 한 도시를 가지고 시집을 왔다. 대단한 결혼식이다. 그 공주가 솔로몬의 첫 번째 아내인지는 모르겠다. 솔로몬은 7년 동안 하나님의 성전을 지었다. 성전을 짓고 난 후에 자기 집을 건축하였는데 무려 13년 동안이나 건축하였다. 그의 아내를 위하여 주랑이 있는 대단한 집을 지었고 그 집이 완성된 후에 이집트의 공주는 다윗의 도시에서 올라와 솔로몬이 자신을 위하여 지은 집에 들어갔다.

지혜로웠고 영적이었던 솔로몬이 왜 이집트의 공주를 아내로 맞이했는지는 모르겠다. 하나님은 신명기 17장에서 이스라엘 민족에게 다시는 이집트로 가지 말라고 하셨다. 왕이 금해야 하는 것을 일러주며 말을 많이 늘리지 말라고 하셨다. 왜냐하면 이집트로 돌아갈까 염려하기 때문이라고 하셨다. 솔로몬 왕이 이집트 공주를 위하여 온갖 정성을 기울인다는 느낌을 받는다. 이 부분을 읽으면서 의심이 일어난다. 그는 왜 이집트의 공주와 결혼을 했을까? 설령 당시에 아무리 정략결혼이 많다고 할지라도, 그는 이제 막 영적으로나 경제적으로나 정치적으로 일어나고 있는 이스라엘의 왕이었는데 말이다.

갈렙의 딸 악사는 옷니엘에게 시집갔다. 그러면서 악사는 남쪽 땅을 가져갔을 뿐만 아니라 아버지로부터 물 샘도 얻었다. 이것으로 미루어 보건대 아마 악사는 욕심이 많은 여자 같다. 여호수아 시대에 살았는데도 아주 당차다. 시집가던 여자가 많이 받았음에도 불구하고 다시 친정아버지인 갈렙에게 더 다른 것을 요구한다. 아마도 악사는 부요하였던 아버지 밑에서 자라서 거리낄 것이 없는 것 같다. 갖고 싶은 것은 요구했던 것으로 보아 시집을 가서 남편에게도 자신이 요구할 것은 요구하지 않았을까 싶다. 왕이었던 솔로몬과 사사였던 옷니엘만큼이나 그녀들의 위세도 당당하고 도도하다.

나의 혼수를 생각해 보았다. 내가 받은 사파이어 반지와 내가 남편에게 준 순금 반지가 떠오른다. 사파이어 반지는 어떻게 없어졌는지도 모르겠다. 다만 내가 기억하는 것은 남편의 반지다. 결혼한 지 한 달도 못 되어 그 반지를 팔아버렸다. 다행히 순금이므로.

그것으로 쌀과 배추를 샀다. 쌀로는 밥을 해 먹을 테지만 그 배추로 어떻게 김치를 담았을까 생각하니 지금도 정신이 아뜩하다. 우리는 돈 벌 생각도 안 하고 돈도 벌 줄을 모르는 신학생이었다. 다만 같이 살기만 하면 더 이상 아무것도 바랄 것이 없었다. 부엌도 없는 문간방에서 벽돌을 쌓아 판자를 걸친 책장을 가지고 살았다. 가난했는데 가난이 무엇인지를 몰랐다. 어려웠는데 어려움이 무엇인지를 몰랐다.

남편에게 어느 날 물어보았다. 그때처럼 결혼할 수 있는지를. 남편은 머뭇거리더니 다시는 그렇게 하지는 못하겠다고 하였다. 사위가 그런 남자라면 딸을 시집보내지 않겠다고 하였다. 너무나 철이 없었다고 할까? 세상을 몰랐다고 할까? 남편은 그런 말은 했었다. 일주일을 굶을 수 있는 여자라면 자기는 그런 여자와 결혼해서 목회할 수 있겠다는 생각을 했단다. 왜 목회자는 굶을 수도 있는 여자를 원해야 하는가?

한 도시를 가지고 시집을 간 이집트의 공주가 부럽지 않고 땅과 샘을 가지고 시집간 악사도 부럽지 않다. 그들과 내가 아는 사이가 아니기 때문이리라. 십 년 살아보고, 이십 년 살아보면 혼수는 흔적이 없다. 솔로몬의 많은 여자들 때문에 속을 끓였을 이집트 공주를 생각하니 결혼 생활에서는 혼수가 신통찮았던 내가 판정승이다.

시험과 고통의 그림자

Part 3

시골교회 사모님

목회자 친교회가 있었다. 일 년에 두 번 전국의 목사님들이 모여서 예배드리고 교제하는 모임이다. 오랜만에 모이면 반갑기도 하지만, 종종 세월의 흔적을 확인하기도 한다. 모든 것을 잊고 잠시 쉬기도 하지만 아픔의 편린들을 모으기도 한다. 수양관 로비에서 카페라테 두 잔을 시켜 시골교회 사모님과 마주 앉았다. 그분은 전라남도 해남 가까운 곳에서 목회를 하신다. 그 사모님은 한눈에 봐도 까무잡잡해서 시골 사람처럼 보였다. 시골에 사시니 아무래도 새로운 사람을 만날 기회도 적을 것이었다. 그분은 동네 사람들의 부족한 일손을 돕는 것이 일상사가 되어 있다고 한다. 언젠가 그분이 계시는 교회에 갔는데, 사모님이 농사를 지었다며 팥을 한 보따리 싸줬다. 아끼고 아껴 먹다가 두 해를 먹었다.

"사람들을 도와 일을 하면서 종종 회의가 들기도 해요. 내가 정말 이 일을 위해 이곳에 있나? 하는 회의가 들 때도 있어요."

"정말 그렇겠네요. 그것도 목회하는 것이 아니겠어요? 그곳에서는 그것이 하나님의 사역이 아닐까요?"

"정말 그럴까요?"

그 사모님은 그것을 모를 리야 없지만 반색을 하고 자리를 고쳐 앉았다. 커피잔 위로 눈을 치켜뜨면서 우리는 스파이처럼 서로를 탐색했다. 저편에 또 하나의 내가 있었다. 우리는 서로를 보면서 안도했다. 굳이 많은 말이 필요 없었다. 말하지 않아도 우리는 서로의 열정과 고뇌와 위로를 알아 버렸다. 연애하는 사람처럼 가슴이 콩닥콩닥 뛰었다. 나는 교양 없이 커피 컵을 치켜들고 마지막 남은 한 방울을 쪽쪽 빨면서 내 얼굴을 감추었다.

사역이라는 것이 무엇이냐고 정확한 정의를 내리라면 뭐라 말할 수 없다. 우리가 목회하는 교회를 맡아서 잘 운영하는 것? 사람들이 하나님께 예배할 수 있도록 일하는 것? 성도들을 돌보는 것? 나 자신을 죽이고 오로지 다른 사람을 위하여 사는 것? 성도들과 함께 울고 웃는 것? 내가 하나님의 영원한 경륜에 동참하는 것? 나 자신이 능력 없음을 나타내는 것? 나 자신이 능력이 있다고 하는 것? 가끔 나도 내가 누구인지 모른다.

결혼 전에 같은 교회를 섬기던 자매도 시골교회 사모가 되었다. 우리는 정말 일 년에 어쩌다가 한 번씩 본다. 남편들에게 휩쓸려 서로의 얼굴 보고 미소만 짓는 사이다. 우리는 서로의 아이들에 대해서도 잘 알지 못했다. 그쪽은 아들만 둘, 나는 딸만 둘이다. 서로를 부러워하는 말을 하다가 새로운 사실 하나를 알게 되었다. 그 사모님의 아들들은 큰아이가 작은 아이보다 학년이 낮다고 했다. 혹시라도 누가 될까 봐 왜 그런지 물어보지도 못했다. 나중에 남편에게 전해 들었다. 그 큰아이는 장애가 있었다. 다른 사모님들이 자식 이야기를 할 때 듣고만 있더라는 말을 전해 듣고 나는 내 무신경함에 스스로를 질책했다. 왠지 그 사모님의 둘레에는 슬픔이 둘러싸여 있는 것 같았다. 사역의 정체와 경제적 고통과 자식의 아픔이 진작부터 있었는데도 나는 그저 막연히만 알고 있었다. 나는 내 기도에 그 아이를 포함시켜야 할 사명을 느꼈다.

사역하는 사람들은 한결같이 가난하고 어렵다. 간혹

그렇지 않은 사람도 있지만 그것은 올곧은 마음으로 사역하라는 하나님의 선택인지도 모르겠다. 고린도전서 1장에서 그 비밀을 본다.

"부르심을 받은 자로서 육체를 따라 지혜로운 자가 많지 아니하고 강한 자가 많지 아니하며 고귀한 자가 많지 아니하도다. 그러나 하나님께서 지혜로운 자들을 당황하게 하려고 세상의 어리석은 것들을 택하시고 하나님께서 강한 것들을 당황하게 하려고 세상의 약한 것들을 택하시며 하나님께서 있는 것들을 쓸모없게 하려고 세상의 천한 것들과 멸시받는 것들을 택하시고 참으로 없는 것들을 택하셨나니 이것은 어떤 육체도 자신 앞에서 자랑하지 못하게 하려 하심이라"

이 말씀에 의하면 목회자의 고뇌와 어려움은 그리 이상한 것이 아니다. 그것은 오히려 축복의 통로라고 해야 옳다. 그리고 보니 헤어지던 날 커피를 같이 마시던 사모님은 립스틱도 안 발랐다. 나는 스킨, 로션, 에센스, 수분크림에다가 눈썹을 그리고, 볼터치까지 하고도 주름이 신경 쓰였다. 다음에는 립스틱이라도 한 주먹 가져다가 내 사랑을 표현해야겠다. 그리고 그때는 우리가 평온함과 기쁨으로 다시 만나기를….

압살롬

불타오르던 철쭉이 사그라들고 있다. 나는 그 현란한 색의 향연 때문에 선물을 받아놓고 뜯어보지 않은 아이처럼 날마다 두근거림으로 집을 나섰다. 그리곤 날마다 황홀해했다. 사무엘하 18장에서 붉은 철쭉처럼 불타오르던 한 사람이 사그라들었다. 얼마나 멋지게 펼쳐질지 모르던 인생이었는데 한 줌의 기억으로 사라져 버렸다.

압살롬은 다윗의 셋째 아들이다. 그술왕 달매의 딸 마아가의 소생이다. 빼어난 외모를 가져서 많은 사람을 위압했지만 정제되지 않은 인격, 본능에 의지했던 무모함으로 무너졌다. 그는 발바닥부터 정수리까지 흠이 없었다. 이스라엘에 그를 따라올 사람은 아무도 없었다. 누구나 몸에 한두 가지 흠이 있을진대 그는 완벽한 몸의 소유자였다. 그의 머리털은 연말마다 깎았는데 왕의 저울로 이백 세겔, 즉 2.3kg이나 나갔다. 당시 사람들에게 머리털은 왕성한 기운의 상징이었다고 한다.

압살롬은 자기의 친누이인 다말이 그의 배다른 형 암논에게 강간당했을 때 계교로 그를 죽인다. 사무엘하 13장에는 암논이 그의 누이 다말을 사랑하여 병이 나는 이야기가 나온다. 이 암논에게 요나답이라는 친구가 있었는데 그는 다윗의 형 시므아의 아들이다. 엘라 골짜기에서 다윗이 골리앗을 죽일 때, 다윗의 형들은 다윗을 시기하여 질투하고 비방하였다. 그 형의 아들인 요나답 역시 간교한 자라고 성경은 말한다. 요나답은 암논에게 다말을 취할 수 있는 방법을 알려준다.

요나답은 암논에게 침상에 누워 병든 체하다가 아버지가 보러 오면 다말이 그에게 음식을 차려서 먹이게 해달라고 부탁하라 한다. 다윗의 명을 받은 다말은 납작한 빵을 만들어 암논 앞에 쏟아 놓는다. 암논은 모든 사람을 내보낸 뒤에 다말에게 음식을 가지고 침실로 들어오라고 한다. 침실에서 다말보다 힘이 센 암논이 그녀를 욕보이고 만다. 그리고는 다말을 심히 미워한다. 그녀를 미워한 그 미움이 전에 그녀를 사랑했던 그 사랑보다 더 컸다. 암논은 종을 시켜 다말을 내보내고 문을 빗장으로 잠갔다. 채색옷을 입었던 다말은 그녀의 옷을 찢고 손을 머리 위에 얹고 크게 울면서 갔다.

압살롬은 다말을 그의 집에 두었고 다말은 압살롬의 집에서 처량하게 지낸다. 암논을 죽인 압살롬은 외할아버지인 달매에게로 도망갔다. 아내의 수만큼 처갓집이 많았던 다윗이 외가로 도망간 아들을 교육할 수는 없었다. 삼 년 후에 회개하지도 않은 압살롬을 다윗은 받아들이고 아들은 이스라엘 사람들의 마음을 도적질한다. 아들이 아버지를 배반했을 때에 다윗은 맨발로 도망갔다. 다윗도 엘리나 사무엘처럼 많은 일들 때문에 자식들과 교류가 뜸했을 것이다. 거기에 다윗은 스무 명이 넘는 아들들이 있었으니까.

다윗이 헷 사람 우리야의 아내였던 밧세바를 범한 죄의 대가는 크게 세 가지로 이야기된다. 첫째는 밧세바와의 사이에 난 자식이 죽는다. 둘째는 암논이 다말을 범하는 사건이다. 셋째는 압살롬이 아버지를 배반한 후에 대낮에 궁에서 아버지의 후궁들을 범하는 크나큰 일이다.

압살롬이 다윗의 군대와 싸울 때 그가 자랑하던 머리털이 상수리나무에 걸려 노새는 지나가고, 대롱대롱 매달린 그는 요압에게 죽임을 당한다. 이해할 수 없는 것은 압살롬에 대한 다윗의 극진한 사랑이다.

"내 아들 압살롬아, 내 아들, 내 아들 압살롬아! 내가 너를 대신하여 죽었더라면 얼마나 좋았으랴! 오 압살롬아, 내 아들아, 내 아들아."

하고 울부짖었다. 이 다윗의 울부짖음을 요압은 면책하였다. 속을 썩인 아들이 더 마음에 남아서일까? 아니면 완벽한 자식을 보면서 흐뭇함을 감출 수 없었던 부모의 마음일까? 압살롬은 세 아들과 딸 하나가 있었지만 후에 이름을 전할 아들이 없어서 한탄하였다. 그도 생의 슬픔을 알았던 사람이다. 지금도 예루살렘에는 압살롬의 묘비가 있다던데….

몇 년 전 강원도 오대산 월정사 입구에서 나는 발걸음을 옮길 수가 없었다. 우람하게 하늘을 향해 치솟아 있는 굵은 전나무를 보았다.

"아, 압살롬 같아!"

여기에 이의를 달 사람은 아무도 없으리라. 여행가들이 손꼽는 길이 가을의 오대산 전나무 길이라고 한다.

접시꽃

날이 무척 더웠다. 공기는 건조해서 가을이 곧 올 것 같은 날이다. 나는 하늘색 치마를 입고 무게가 느껴지지 않는 양산을 쓰고 오래전부터 벼르던 자매를 찾아갔다. 오지 말라 할까 봐 버스를 타고 나서 전화를 하고 쳐들어갔다. 그것은 가끔 또 거절당할까 봐 무작정 감행하는 내 얄팍한 소치이다.

햇빛도 없이 어두운 방 안에서 자매는 불도 켜지 않고 나를 기다리고 있었다. 적당히 배고프게 조절한 덕에 우리는 허름한 식당에서 맛있게 점심을 먹었다. 다행히 그 식당은 커피도 안 주는 집인 탓에 우리는 또 그 방 안에서 마주 앉았다. 이야기를 빙빙 돌리다가 우리는 가정에 대하여, 남편에 대하여, 자식들에 대하여 그렇다 아니다를 반복하였다. 가끔 전혀 성경을 꺼내지도 못하는 상황에 빠지는 난감한 상황들이 있다. 내가 무슨 말을 하여야 할지 나도 혼란스러울 때가 있다. 세상의 가치관에 제압당하여서, 아니, 그 사람의 형편에 아무 말도 할 수 없어서 애매하게 물러 나오는 때도 있다.

오늘은 끝까지 그 사람의 생각에 동조하지 않았다. 많은 에너지가 소모됨에도 오늘은 절대 물러나지 않으리라 결심했다. 자매는 평소에도 고집이 셌다. 말 안 듣는 아이처럼 막무가내일 때가 간혹 있었다. 사람들은 자신이 억울하고 인정받지 못한다고 생각할 때 그런 태도를 보인다. 어떤 때는 가혹한 환경으로 그렇게 되기도 한다. 극한 상황에서 자신을 바라보면 십중팔구는 실패한다. 그럴 때 하나님께 눈을 돌리는 사람들은 그 상황을 지혜롭게 극복한다.

나 자신도 그런 상황들을 가끔 경험한 까닭에 오늘은 눈치 볼 것도 없이 성경의 시각으로 말하고 싶었다. 성도를 만나다 보면 그 사람의 형편에 맞추느라 정말 해야 할 말을 하지 못할 때가 있다. 그럴 때는 집에 돌아와서도 기분이 찜찜하다. 내가 비겁하게 느껴진다. 그런 날은 기운이 하나도 없다. 이것도 저것도 아닌 기분을 또 느끼고 싶지 않았다. 사무엘상 2장 30절을 보았다.

"나를 존중히 여기는 자들을 내가 존중히 여기고 나를 멸시하는 자들을 소홀히 여기리라."

이 말씀을 읽어놓고 하고 싶은 말을 하였다. 내가 옳으냐, 네가 옳으냐의 문제가 아니라 하나님이 어떻게 생각하실지를 생각해보자고 하였다. 마음속에 하나님이 있는 사람이라면 하나님의 말씀 앞에서는 어떤 이의도 달 수가 없다. 사람의 감정은 자꾸 자신을 바라보게 한다. 그 감정을 내려놓아야 비로소 정상으로 판단할 수 있다. 하나님께 순종하고자 하는 자매의 마음을 읽었다. 하나님에게서 떨어지고 싶지 않은 그 마음을 읽었다. 우리는 딱딱한 비닐 장판 위에 무릎을 꿇었다. 이 호된 상황이 얼마나 오래갈지는 아무도 모른다. 다만 말씀에 순종하고 그다음에 하나님의 손길이 역사하기를 기다릴 뿐이다.

버스 정류장까지 나와서 자매는 소녀처럼 손을 흔들었다. 그걸 보고 있자니 마음이 아려왔다. 아! 하나님,

나에게 사람 사랑함을 주시옵소서. 그리고 아리는 이 마음을 잃지 아니하도록 나를 지켜주시옵소서. 녹음을 뚫고 버스가 달렸다. 접시꽃이 길가에서 아름다운 자태를 맘껏 드러내고 있었다. 어릴 적 시골 어디에서나 흔히 볼 수 있던 꽃이다. 그 꽃은 나에게는 항상 정겨움과 순수함이다.

밥

흐린 날씨가 연일 이어졌다. 강 건너 첩첩이 쌓인 산들은 수묵화처럼 채도가 변해가고 있었다. 호텔 바로 앞의 남한강은 언제나 같은 속도로 유유히 흘렀다. 초록빛은 하나도 없는 삼월 하순이었다. 강과 산을 제외한다면 단양은 아무런 끌림도 없을 것 같은 도시라 생각된다. 너무 조용하면 그 적막감을 견디기가 어렵다. 이런 걸 보면 나도 어쩔 수 없는 도시 사람인가 보다.

일 년에 두 번 있는 목사님들과의 친교회, 함께 밥 먹는 사람과 어쩌다 깊은 교제를 하는 경우가 있다. 오랜 병고로 시달림을 받은 사모님과 함께 밥을 먹고 차를 마셨다. 이야기의 꽃을 피웠다. 그분의 병고에 제대로 동참하지 못한 미안함으로 긴 이야기를 들었다. 우리는 '밥 이야기'를 했다. 가난하던 개척교회 시절에 먹을 것이 없었다. 쌀이 똑 떨어졌다. 목사 사모로서 가게에 외상을 할 수도 없고, 누구에게서 돈을 꿀 수도 없어서 그냥 굶었단다. 어느 날 밥상을 차려 놓았는데 어린 막내아들이 이렇게 말했다.

"엄마, 반찬이 있는데 밥이 없는 것은 너무 슬프다."

그 말을 듣고 대성통곡을 했다는 사모님의 눈은 붉게 물들었다. 그 아들은 지금 또 목사의 길을 가고 있다. 말리고 싶었지만 주님의 길이니 감사할 뿐이라고.

밥이 없는데 반찬이 무슨 소용이 있겠는가? 밥이 있으면 반찬이 없어도 밥을 먹을 수 있다. 굶주린 사람이라면. 이 시대에는 굶는 사람이 그전보다는 덜할 것이다. 예전에는 밥만 있으면 살 수 있었는데, 지금은 밥만으로는 살 수 없는 시대가 되었다. 일용할 양식 외에 무언가가 더 있어야 한다.

그 사모님 아들을 만났다. 유머도 많고 참 괜찮은 사람이다. 어머니에게 들은 말을 아드님에게 전했더니, 그가 유쾌하게 웃으며 말했다.

"저는 학교 다닐 때 무엇이든 혼자 했어요. 밥도 혼자 먹고 놀기도 혼자 했어요. 나는 그렇게 하는가 보다 하고 무엇이든 혼자 했는데 지금 생각해보니 그게 왕따였나 봐요. 힘들다거나 슬프다는 생각도 안 했어요. 그냥 공부하고 그냥 살았어요. 하하하."

날마다 일용할 양식을 달라고 기도하라던 주님의 말씀을 생각한다. 단지 일용할 양식이다. 광야의 만나는 날마다 필요한 양을 사람 수만큼 모았다. 사람들은 광야에 나가 딱 그날 먹을 양식만 모았다. 그렇게 해서 조금도 남지 아니하고 조금도 모자라지 아니하였다. 욕심 사납게 모으면 썩고 벌레가 났다. 안식일 전날에는 두 배를 모았다. 그 두 배의 양식은 썩지도 아니하고 벌레도 나지 아니하였다. 안식일에는 만나가 내리지 아니하였다. 안식일에 만나를 구하러 간 자들은 만나를 얻지 못하였다.

그날의 양식만 모으고 그날의 양식만 먹으면 된다. 욕심 사납게 여분의 만나를 긁어모아서 썩게 하고 벌레가 나게 만든 탐욕자들처럼 너무 많은 것을 요구하는 내 안의 소리를 듣는다. 날마다 기도해서 얻는 것이 아니라 쌓아놓고 조금씩 꺼내 먹으려는 얍삽한 생각 말이다. 오늘

도 피곤하단 핑계로 집 안에 앉아서 군것질하고 낮잠을
잤다. 그래놓곤 외출하는 아이의 등 뒤에 대고 큰소리로
외쳤다.

"애~ 빵 좀 사 와라. 맛있는 빵이 먹고 싶다."

으흐흐, 일용할 양식이 아닌 여분의 양식을?

아론처럼

옥 목사님의 소천은 남편에겐 큰 충격이었다. 토요일, 집으로 돌아오는 길에 남편은 운전하면서 침묵하였다. 자신이 얼마나 진실하고 충성된 목사인지를 돌아보게 된다고 하였다. 목사들만이 느끼는 그 무엇이 있단다. 밖은 캄캄해지고 강변의 불빛들이 반짝거렸다. 남편은 어두워진 차 안에서 침묵하며 울다가 라디오를 켰다. 마침 아그네스 발차의 '기차는 8시에 떠나네'가 흘러나왔다. 그리스의 한 젊은 레지스탕스에게 바쳐졌다는 그 노래는 감성적이고 애잔한 멜로디가 오래도록 기억에 남는 곡이다. 설교 본문에 잘 맞는 찬송처럼 왠지 그 노래가 그 순간에 너무나 잘 맞는다고 생각하였다. 정말로 슬픈 감정을 더 진하게 한다고 할까, 아님 위로해 준다고 할까. 나는 남편의 어깨를 어루만지며 말했다.

"이렇게 훌륭한 당신인데 아침에 속상하게 해서 미안해요."

아침에 남편의 말 한마디에 나는 심통을 냈다. 집에서 교회까지 가는 동안 말도 안 했다.

아브라함은 가나안에 처음으로 들어오면서 하나님 앞에 제단을 쌓았다. 그 후로 아론이 대제사장이 되고 하나님께 드리는 예배와 제사를 관장하는 사람들이 하나님으로부터 선택받은 레위 지파다. 구약의 제사장들은 아론의 혈통 중에서도 맏아들이 대제사장이 되었다. 이스라엘 사람들은 고의가 아닌 우연히 죄를 지었을 때 도피성으로 피하는 법이 있었다. 하나님은 실수로 죄를 지은 사람들을 보호해 주시느라고 도피성 제도를 만드셨다. 도피성에 피신하면 분노에 찬 피해자의 가족들로부터 보호받을 수 있었다. 도피성은 요르단강 동쪽과 서쪽에 세 개씩 여섯 개가 있었다. 하나님은 범죄자들이 따라잡히지 않도록 여섯 개나 도피성을 만들어 주셨다. 그곳에서 죄를 지은 사람은 자신이 정당한 판결을 받을 때까지 지낼 수 있었다. 또 그들이 나올 수 있을 때는 대제사장이 죽는 때였다. 나는 이 부분을 읽을 때 죄를 지어 도피성에 있는 사람들은 '대제사장이 죽기를 얼마나 기다렸을까'라는 생각도 해본다.

레위 지파는 성막과 성전에서 제사장들을 도왔다. 구약의 제사장들은 혈통적으로 제사장이 되었다. 오로지 레위 지파만 제사 직분을 행할 수 있었다. 신약시대에 이르러 교회가 탄생하고 그 교회를 목양하는 목사가 있게 되었다. 디모데는 에베소 교회 목사였고, 에바브라는 골로새 교회 목사였고, 에바브라디도는 빌립보 교회 목사였다. 그들은 바울과 밀접한 관계에 있었고, 자신이 속한 교회에 대하여 헌신적으로 일하였다.

구약 시대에는 혈통적으로 하나님의 일을 전담하는 레위 지파의 제사장들이 있었지만 신약 시대의 목사들은 거듭남을 체험한 뒤에 하나님으로부터 주의 종으로 부르심을 받는 소명이 있어야 한다. 구약 시대의 선지자로 부름받은 대표적인 인물은 이사야와 예레미야다. 예레미야는 태어나기 전부터 부르심을 받은 자이다.

새벽 한 시까지 우리는 이야기하였다.
"나는 내가 진실한 목사인지 눈물이 있는 목사인지 회

개하게 돼.”

“당신은 당신으로서는 최선을 다했잖아요.”

“나는 정말 부족해.”

“아니에요. 잘하고 있어요.”

적당히 차가운 밤공기가 얼굴을 어루만졌다. 세상에는
주의 일들을 잘 감당하는 수많은 별들이 있다. 그런 별들
처럼 반짝이는 하나님의 사람들이 있을 것이다. 그러니
너무 자책하지도, 너무 둔감하지도 말자. 성막이 세워진
후에 성막에 관련된 일 외에는 어떤 것도, 심지어 자식의
죽음까지도 사사로이 돌아보지 아니하였던 아론. 그런
아론처럼 묵묵히 나아간다면 우리도 반짝이는 궁창의 별
이 될 것이다.

봄비 오는 날

꽃을 피우고 싹을 틔우기 위해 내리는 봄비였다. 하지만 왠지 장마처럼 어두운 느낌이 들었다. 그 이유는 어쩌면 내가 만난 사람들 때문이었는지도 모른다. 어제는 아산병원에서 세 사람을 만났다. 언제 맡아도 좋은 빵 굽는 냄새가 있는 지하를 걸으면서는 집에 갈 때 꼭 빵을 사 먹으리라 결심한다. 우리는 병원에 가면 커피를 마신다. 그 쌉쌀하고 달콤한 커피 향으로 병원의 눅눅함과 걱정을 떨쳐버린다. 대형병원 커피숍에서 나는 커피 향은 병원의 약 냄새와 우울한 표정들을 빨아들이는 냄새다.

병원 침대에 누워있는 사람은 사십 대 초반의 젊은 목사님이다. 하반신 마비로 속절없이 침대에 누워있다. 반팔 티셔츠를 입은 사모님은 열성으로 남편을 간호한다. 오랜 병상 생활로 지칠 만도 하겠지만 확신 있는 말과 견고한 믿음에 고개가 숙여졌다. 깎지 못한 수염을 지닌 채 목사님이 말했다.

"하나님이 나에게 주신 말씀은 시편 118편 17절입니다. '내가 죽지 않고 살아서 주께서 행하신 일들을 밝히 보이리로다.' 목사님, 저는 정말 평안합니다. 하하하~"

그는 자신이 회복되어서 우렁차게 설교하는 것을 그려 보는 것 같았다. 그의 아내와 함께 통통 튀는 탁구공처럼 유머를 날리며 유쾌하게 웃었다. 웃음 끝에 물려 있는 울음이 행여 튀어나올까 봐 나는 그 자리를 얼른 뜨고 싶었다. 그런 그에게 남편은 시편 91편 전체를 주었다.

"그가 내게 사랑을 품었으니 그러므로 내가 그를 건지리라. 그가 내 이름을 알았은즉, 내가 그를 높이 세우리라. 그가 나를 부르리니 내가 그에게 응답하리라. 고난당할 때에 내가 그와 함께하여 그를 건지고 존귀하게 하리라. 내가 그를 장수하게 하여 그를 만족시키며 나의 구원을 그에게 보이리라."

자신들에게 정말 꼭 맞는 말씀이라며 사모님은 감사하

였다. 나는 요즘 아픈 사람들에게 이사야 58장 8절을 자
주 이야기한다.

"그리하면 네 빛이 새벽같이 터져 나오고 네 건강이 신속히 솟구
치며 네 의가 네 앞에서 가고 주의 영광이 네 후위대가 되리니."

사람들은 이렇게 연단 받아야만 하는 존재들일까. 좋
은 것만 있으면 좋은 것은 좋은 것이 아니다. 고린도전서
10장 13절에는 이런 말씀이 있다.

"사람에게 공통적으로 있는 시험 외에는 너희가 어떤 시험도
당하지 아니하였나니 하나님은 신실하사 너희가 감당할 수 있
는 것 이상으로 시험 당하는 것을 너희에게 허락하지 아니하
시고 또한 그 시험과 함께 피할 길을 내사 너희가 능히 그것을
감당하게 하시느니라."

사람들에게 공통적으로 받는 시험이 있다. 시험과 고
난이 있을 때는 나 혼자만 그런 고통을 당하는 것 같다.
다른 사람들은 고난도 없는 것 같고 행복해 보인다. 이
고난의 수렁에서 빠져나가는 것이 불가능하게 느껴진다.
하나님은 사람이 공통적으로 받는 시험이 있다고 말씀하

신다. 다른 사람은 고난 받아도, 나는 고난 받으면 안 된다고 사람들은 이렇게 생각한다. 고난당할 때는 모르지만, 그 고난에서 비로소 빠져나오면 그때에야 나에게 닥쳤던 고난은 이길 수 있었던 것이었다고 말이다. 공통적인 고난은 모두에게 찾아온다. 믿음이 없는 사람에게도, 믿음이 있는 사람에게도 말이다. 이 말씀을 알고 있다면 희망이 있고 그 고난을 넉넉히 이겨낼 수 있는 것이 아닐까?

그래도 아픔은 싫습니다. 고난도 싫습니다. 시험도 싫습니다. 오늘도 은혜를 베푸시고 긍휼을 베풀어 주소서. 오늘 같은 쾌청함이 어제 만난 모든 사람에게 있을지어다.

어떤 목사님

그분의 병상은 6인실 창가 앞쪽이었다. 해가 말갛게 뜬 오후에 전화를 받고 부랴부랴 달려갔다. 뜻밖의 만남에 얼마나 반가워하는지 몰랐다. 우리에게 자리를 권하는 그 목사님의 목소리는 조금 들떠 있었다. 그는 자신의 병에 대한 모든 설명을 의사에게 듣고 난 후 어떤 마음으로 자신을 정리할지 모르는 상태였다. 그는 휠체어를 미는 남편에게 온몸을 맡기고는 조용한 장소를 찾았다. 아주 한적한 곳에 우리는 자리를 잡았다. 자리에 앉은 그는 말을 쏟아냈다.

"모든 기억은 시입니다. 기억은 정말로 아름다운 시입니다. 많은 것들을 보고 쓰고 싶은데, 눈도 잘 안 보이고 기운도 없어서 녹음이라도 해야 할 것 같습니다. 나는 살아오면서 많은 사람들을 만났다고 생각했는데, 사실 얼마나 적은 사람들을 만났는지 이제야 알겠습니다. 요즘에는 복음을 묵상하고 있습니다. 십자가를 묵상하고 있습니다. 그것이 나에게 가장 큰 힘을 줍니다. 내가 이제 다시 목회를 한다면 더 많은 사람들을 포용하며 더 지혜롭고 더 은혜롭게 할 수 있을 텐데요. 아쉬운 마음뿐입니다. 먼저 간 내 친구는 은혜롭게 죽음을 맞이하는 모습을 나에게 가르쳐주고 갔는데….”

고등학교 동창이 언젠가 내게 말했다. 초등학교 시절에 엄마가 돌아가셨는데, 그 소식을 들었을 때 자기는 갑자기 배가 갑자기 너무나 아파서 고통스러웠다고 말이다. 수직적인 절망이 바로 그런 게 아닐까? 나도 그런 것을 경험했다. 모든 인간의 공통분모이기도 한 그것을. 어느 날 버스를 타고 가다가 그런 생각을 했는데 수직적인 절망과 수평적인 절망은 합당한 표현이라고 생각했다.

요즘 건강 서적을 읽던 남편이 내게 말했다. 사람은 자기 몸이 원하는 것을 먹어주어야 한다는 학설(?)을 말이다. 그 목사님은 아이스바를 먹고 싶다고 했다. 나는 지하 1층

매점으로 내려가는 에스컬레이터 위에서 그 아이스바가
꼭 있기를 기도했다. 해가 지는 밖을 내다보며 우리들은
아이스바를 맛있게 먹었다. 핸드폰의 녹음 버튼을 누르
고 목사님은 말했다.

"아아~이렇게 아름다운 시간은 너무도 빨리 흐르는군요."

나는 '절망'이라는 단어를 생각해 보았다. 절망이라는
것은 '바라볼 것이 없게 되어 모든 희망을 끊어버리는 상
태'이다. 절망도 여러 가지 형태가 있다. 나는 생활 속에
일어나는 소소한 절망을 '수평적인 절망'이라고 말하고
싶고 불가항력적인 건강이나 수명에 관한 것은 '수직적
인 절망이 아닐까'라고 생각한다. 후자는 사랑하는 사람
들과의 관계까지 단절시키는 것이니 이보다 더 큰 절망
은 없다.

요즘에 내 주변에는 너무도 많은 사람들이 병에 시달
리고 있다. 나는 A를 위해 기도하고, B를 위해 기도하고,
C를 위해 기도하고, 사랑하는 자들을 위해서 눈만 감으
면 기도한다. 왜 병이 생겼을까? 왜 늙음이 있을까? 왜
죽음이 있을까? 이 모든 것은 에덴동산에서 있었던 그
불순종이 그 원인이라고 한다. 에덴동산에서 아담이 범

죄 하지 않았다면 나이를 먹지 않았을까? 그것은 아닐 것 같다. 아담과 이브도 자식을 낳았을 테니. 그러면 그 후는 어떻게 전개되었을까?

삶의 기로에서 아쉬워하는 목사님께 이 말씀을 드리고 싶다.

"그러나 내 이름을 두려워하는 너희에게는 의의 해가 자기 날개들 안에 병 고치는 능력을 가지고 떠오르리니 너희가 나아가서 외양간의 송아지들같이 자라리라."   - 말 4:2

읍에게, 딸에게

가끔 내 옆구리를 살짝살짝 치더니 봄이 어느새 내 품으로 들어왔다. 따뜻한 기운을 당연시하며 옷차림도 어느새 바뀌었다. 남편은 어제 분홍색 겹 매화도 사진에 담고 몽롱한 하얀색 매화도 사진에 담았다. 아침에 서울로 나갈 때마다 강가의 아파트 화단에 핀 매화 때문에 가슴이 설레었다. 그것들은 겨우내 숨어 있다가 "나 여기 있소~" 하고 얼굴을 내민다. 햇살이 맑은 날이면 나는 피조물로서 또 다른 피조물에게 감탄을 보낸다. 아! 네가 존재했었느냐? 하고 말이다.

겨울의 끝자락에서 잠시 어려움을 당했던 딸들이다. 나는 어미로서의 고통도 함께 느꼈다. 누군가가 돈보다도 건강보다도 자식에 대한 고통이 가장 크다고 하던데, 과연 그러하다는 것을 안다. 주일 아침에 목양실에서 딸들을 불러 말씀을 나누었다. 하나님이 욥에게 하신 말씀을 나도 내 딸들에게 주었다. 어느 날 나에게로 크게 다가온 말씀을.

욥은 모든 것을 잃었다. 양 칠천 마리를 잃었다. 낙타 삼천 마리를 잃었다. 소 오백 마리를 잃었다. 암나귀 오백 마리를 잃었다. 아들 일곱을 잃었다. 딸 셋을 잃었다. 건강을 잃었다. 거기에 아내의 마음까지도 잃었다. 그는 상처를 긁으며, 위로하러 온 세 친구와 변론하다가 결국 분노하고 만다. 인간 세상과의 격리에서 나오는 슬픔과 함께 하나님에 대한 격한 감정이 분노로 터져 나온 것이다. 젊디젊은 엘리후에게 책망을 받으며 그의 마음은 타들어 갔을 것이다.

사람들은 물질을 잃어버렸을 때 정말 견딜 수 없다고 말한다. 인간관계가 어려울 때 고통스럽다고 한다. 건강을 잃어버렸을 때 가장 힘들다고 말한다. 어른들이 말하기를 자식에 대한 고통이 가장 크다고 한다. 사람에 따라 고통의 경중이 다르다. 다른 사람은 쉽게 견디는 고통을 나는 견딜 수 없고, 나는 쉽게 견디는 고통을 다른 사람은 견디지 못한다. 사람과 환경에 따라 그 통증의 무게는 다르다.

욥은 어떤 것이 가장 고통스러웠을까? 그는 물질도 잃어버렸고 자식도 잃어버렸고 건강도 잃어버렸고 인간관계도 모두 깨졌다. 그러고 보니 욥은 아무것도 남지 않고 그 자신조차도 아무것도 아니게 되었다. 성경 속의 인물이라고 그의 고통을 너무 간과한 것 같다. 고통의 경중을 본다면, 옛 어른들의 말처럼 자식에 대한 고통이 제일 큰 고통이 아닐까 싶다. 내 주변에 그렇게 어려움을 당하는 사람들을 보면서 깊은 연민을 느낀다. 부모는 아니, 사람은 하나님이 인간에 대하여 사랑하고 연민하는 것처럼 자식에게 그렇게 모든 사랑을 준다. 자식의 고통을 자신이 받을 수 있다면 대신 받을 수 있는 것이 부모다. 사람들을 위해 목숨을 내주신 주님처럼.

억울해서 펄펄 뛰는 욥에게 하나님은 욥기 막바지에 등장하신다. 욥의 등을 두드리시며 책망하시고 달래시고 위로하신다.

"이제 네 자신을 위엄과 뛰어남으로 꾸미고 영광과 아름다움으로 단장할지니라"   - 욥 40:10

위엄과 뛰어남으로 꾸미고 영광과 아름다움으로 단장하라고 하신다. 인간은 원래 이런 존재였다. 창세기 3장 이전은 분명 이러하였다. 하나님의 형상으로 지음 받은 가장 완벽한 인간이기에. 딸들에게 욥의 이야기를 해주었다. 욥기 1장과 42장에 나오는 욥의 두 배의 축복도 보았다. 모든 재산은 두 배의 축복인데 자식만은 그대로 열 명이다. 천국에 열 명이 있을 터이니 두 배의 축복이 맞다 했더니 큰딸이 소름이 끼친다고 한다.

욥의 딸들은 여미마, 굿시아, 게렌합북이다. 온 땅에서 욥의 딸들처럼 아리따운 여자들을 찾을 수 없었더라는 말씀을 보며 작은딸이 말했다.
"우리는 절대 그럴 리가 없네. 호호호."
그네들은 미스 우스욥의 고향으로 위치는 불명확하다욥 1:1 진선미이겠지만, 딸들아, 너희들은 너희 자신을 위엄과 뛰어남으로 꾸미고 영광과 아름다움으로 단장하거라. 바깥에서 피어오르는 매화가, 개나리가, 벚꽃과 목련이 최고로 자신을 단장하는 것처럼!

팥빙수

그 카페의 팥빙수는 맛있다. 밀크 팥빙수는 특히나 얼음이 부드러워서 사각거리는 게 아주 맛있다. 짜장면을 먹으면 짬뽕이 그리운 것처럼 나는 그 집에서 커피를 마시면 팥빙수를 먹지 않은 것을 후회한다. 그날도 커피를 마실까, 팥빙수를 먹을까 잠시 망설였다. 우리는 팥빙수를 가운데 두고 마주 앉았다.

자매는 하나님에게 물었다. 왜 나에게 그런 일이 일어났느냐고 말이다. 원망과 섭섭함 어린 목소리였다. 자매는 자신이 받아들일 수 없는 여러 가지 상황에 혼란스러워했다. 이야기를 끝도 없이 쏟아냈다. 나는 가만히 듣기만 했다. 뽀얗고 통통한 뺨 위로 눈물이 쉴 새 없이 흘러

내렸다. 그녀를 진심으로 위로하고 싶었다.

고난 없는 인생이 어디 있으랴. 인간의 위로는 얼마나 힘이 없고 하찮은 것인가! 우리 자신이 위로받을 때 얻는 위로를 힘입어 우리가 어떤 고난 중에 있는 자들도 능히 위로하게 하려 하심이라는 고린도후서 1장 말씀을 나눴다. 사도 바울은 고린도 교회 성도들에게 '너희가 고난에 참여하는 자가 된 것 같이 안위에도 그러할 줄을 알기 때문이라'고 했다. 고난당한 자에겐 반드시 하나님의 위로가 있다.

바울은 고난의 궁극적인 목적은 하나님을 신뢰하게 하려 함이라고 말한다. 고난의 마지막에 하나님에 대한 신뢰를 잃지 않는 것이 중요하다. 그렇게 될 때 고난은 비로소 가치를 갖게 된다. 하나님에 대한 신뢰를 잃어버리고 믿음의 대열에서 이탈하는 사람이 있다. 모든 것이 합력하여 선을 이룬다는 말씀은 우리가 자주 하는 말이다. 그러나 그 말씀을 그대로 받아들이는 자는 그리 많지 않다. 고난이 있을 때 말씀을 신뢰하고 하나님께 대한 신뢰를 간직한다는 것은 보통 사람들에게는 어려운 일이다. 처음에는 그 말을 받아들일 수가 없다. 그러나 다시 고난의 의미를 새기고 새기면 그것은 수긍되는 말씀이다. 고난의 때에 하나님 앞에 서는 것만큼이나 안전하고 평화로운 것은 없다. 그것은 고난을 계속 경험하다 보면 저절로 알게 된다.

예레미야 애가 3장 33절 말씀을 나누었다.

"그분은 고의로 사람들의 자녀들을 근심하게 하거나 슬프게 하지 아니하시는도다."

이 말씀을 읽을 때는 하나님이 사람처럼 느껴진다. 고의로 어떤 일로 사람을 슬프게 하지 않으신다니. 참 신사적이시다. 우리는 우리 욕심에 따라 하나님을 판단하고 원망할 뿐이다. 하나님을 원망한다는 것은 그분이 고의로 나를 어렵게 한다고 생각하기 때문이 아닐까? 그렇지 않다는데 그런 것처럼 내 맘대로 생각했다. 기도 가운데, 혹은 말씀 가운데에 서면 하나님의 또 다른 뜻을 발견할 수 있을 것이다. 그분은 항상 나를 선대하신다는 믿음을 갖고 싶다.

자매에게 말했다. 더 이상 자매 자신을 괴롭게 하지 말라고. 오늘 아침 잠언에서 이런 말씀을 보았다.

"긍휼을 베푸는 자는 자기 혼에게 선을 행하나 잔인한 자는
자기 육체를 괴롭게 하느니라."

어려움이 있다고 먹지도 아니하고 잠도 안 자고 쉬지
도 아니할 때가 있다. 이런 때는 자기 혼에게 선을 베풀
어야 한다. 자기 육체를 괴롭게 하지 아니하는 것이 결국
엔 선이다. 이제는 하나님이 고난 당했던 욥을 축복하시
면서 하셨던 말씀을 주장하고 그대로 하라고 말했다.

"이제 네 자신을 위엄과 뛰어남으로 꾸미고 영광과 아름다움
으로 단장할지니라."

말씀을 나누자 자매는 얼굴이 환해졌다. 하나님의 살
아있는 말씀은 권능이 있다. 나도 환해진 자매의 얼굴을
보며 그렇게 기쁠 수가 없었다. 믿음은 축복이다. 세상이
알지 못하는 복이다. 유리그릇 속 팥빙수는 얼음이 녹아
서 우유가 되었다. 우리 마음속에는 새로운 기쁨이 찰랑
거렸다. 복된 한 날이여!

형제의 애증

누군가가 우리 가정의 모든 일을 시시콜콜 다 알고 있다면 그것은 참으로 불편한 일이다. 감추고 싶은 많은 일들이 모든 가정에는 내재되어 있다. 성경은 아브라함, 이삭, 야곱, 다윗의 가정에 대한 묘사가 적나라하게 그려져 있다. 그중에서도 이삭의 가정에 대해서는 모든 민낯을 보여준다. 나는 성경을 읽다가 인간적인 감성이 있는 부분에는 보라색 형광펜을 칠한다. 창세기 25, 26, 27, 28장에는 보라색 형광펜이 많이 칠해져 있다.

사람은 자신과 반대되는 성향을 좋아한다. 이삭은 그리 큰 결함을 갖고 있진 않지만, 좀 무른 타입 같아 보인다. 그는 자신과 반대되는 야생적인 에서를 좋아했던 것 같다.

리브가는 아브라함의 종 엘리에셀이 자신을 선택했을 때에 뒤도 안 돌아보고 친정을 떠나 이삭에게로 온 것으로 보아 씩씩하고 강단이 있는 여자 같아 보인다. 리브가는 당연히 자신과 반대 성향인 피부도 매끄럽고 평범하여 집에만 있는 야리야리한 야곱을 좋아했을 것이다. 자신들의 인간적인 성향이야 아무런 흠이 되지 않는다. 하지만 그것을 다스리지 못하는 순간, 그들의 불행은 시작되었다.

에서는 자기 아버지처럼 사십이 되었을 때 장가를 갔다. 헷 족속 브에리의 딸 유딧과 엘론의 딸 바스맛을 아내로 취하였다. 가나안 족속인 헷 족속의 딸들을 취한 것이 그의 약점이 되었다. 그는 아내를 둘이나 거느렸으니 가정이 편한 날이 없었으리라고 생각된다. 영적인 면이 없는 가나안 여인들이 이삭과 리브가의 마음에 들었을 리가 없다. 그들은 이삭과 리브가에게 마음의 근심거리가 되었다. 동생이 자신을 속이고 아버지 이삭의 축복을 받아 내자 에서는 펄펄 뛴다. 리브가는 야곱이 무슨 일을 당할까 봐 밧단아람에 있는 라반에게 보내며 이삭에게 이렇게 말한다.

"내가 헷의 딸들로 인하여 살기에 지쳤거늘, 야곱이 만일 이 땅의 딸들인 헷의 딸들 중에서 아내를 취하면 내 삶이 내게 무슨 유익이 되리요?"

이 말을 들은 이삭은 야곱을 밧단아람으로 보낼 수밖에 없었다.

그다음 장면에서 에서가 불쌍하다. 에서가 보니 이삭은 야곱에게 이 땅의 여자를 아내로 취하지 말라고 했다. 창 28:6 또 에서가 보니 가나안의 딸들이 아버지 이삭을 기쁘게 하지 못했다. 그는 자신의 아내들을 어찌하지 못하고 절망했던 것 같다. 이에 에서는 이스마엘에게 가서 그의 딸인 마할랏을 다시 취하였다. 부모가 장성한 아들을 어찌하지 못하는 안타까움이 이삭의 가정에 드리웠다. 이런 마음 아픈 가정사를 가진 집안은 적지 않았다. 이런 가정사는 시대를 넘어 오늘날까지 이어진다. 이삭의 가정에 드리워져 있었던 이런 문제가 지금도 많은 가정들에 있다. 에서가 취한 며느리 때문에 살고 싶어 하지 않았던 리브가에게 애정을 느낀다. 그녀는 밧단아람으로 야곱을 보낸 후로 다시는 그를 만났다는 기록이 없다. 이삭은 그의 아들들이 장사 지냈지만 말이다.

팥죽으로 장자권을 샀던 야곱은 그의 생애에서 무엇이 중요한지를 진정으로 알았던 사람이다. 형제간의 촌수는 일촌이다. 야곱과 에서는 유난히도 그들 사이에 애증이 심했다. 그것은 그들의 후손들에게도 이어진다. B.C 586년 바벨론에 망한 유다 왕국을 보면서 에서의 후손인 에돔 족속들은 손뼉을 치며 좋아하였다. 이런 에돔 족속을 하나님께서는 대언자 오바댜를 통하여 책망하신다. 에돔 족속은 그들의 형제였었던 이스라엘 민족에게 선을 베풀어야 함에도 오히려 예루살렘을 약탈까지 하였으니 하나님의 진노가 있을 수밖에 없었다.

에서 안에 있는 감성의 그릇이 충분히 채워졌더라면, 하는 아쉬움이 있다. 그가 믿음이 있는 사람이었더라면 하는 안타까움이 있다. 야곱의 믿음이여, 에서의 아픔이여!

R=VD

두 다리가 파근파근하더니 요즘엔 많이 나아졌다. 아침 여섯 시가 되면 우리는 뒷산에 오른다. 아파트 뒤쪽으로 나가서 큰길 하나만 건너면 바로 산이다. 초입이 가파르다는 것만 빼고는 나무랄 데가 없는 산이다. 적당한 오르내림이 일정하게 펼쳐져 있고 그늘이 깊어서 아주 마음에 든다. 평지인 한강을 산책하는 것을 운동이라고 하는 나에게는 다소 버거운 곳이기도 하다.

올해 들어서 나는 내심 충격을 받았다. 심장의 이상을 선고받았다. 심장 이상이라니. 나와는 전혀 무관하다고 생각했던 병이 내게 닥쳤다고 생각하니 억울했다. 실망과 두려움과 분노가 교차했다. 그래도 이만큼 여기까지

왔다. 의사는 아무렇지도 않게 말했다. 더 심해지면 시술 받자고 말이다. 자기 일이 아니라고 너무 쉽게 말하는 것만 같아서 야속했다. 심장 뇌혈관 센터는 노인들이 많다. 진료 날이 다가와서 병원에 갈 때마다 그곳에서 기다려야 하는 나 자신을 주체할 수 없었다.

내가 위가 있다고 느끼면 나는 위가 안 좋은 것이다. 내가 눈이 있다고 느끼면 눈이 안 좋은 것이다. 내가 발이 있다고 느끼면 발에 이상이 있는 것이다. 나는 심장이 있다고 느꼈다. 그리고 공포도 느꼈다. 다른 데가 아프면 괜찮을 것 같았다. 그런 것들은 이겨낼 수 있을 것 같았다. 다만 이렇게 생명에 대한 위협을 느끼지 않을 수만 있다면 무엇이든 할 수 있을 것 같았다. 지금 생각하면 안 가도 될 응급실을 두 번이나 갔다. 이제 와 생각하니 삼 년 동안 발에 병이 있었을 때 하나님께 의뢰하지 않고 의원만 찾았던 아사 왕이 나였다. 완벽한 약과 의사만 찾았다.

히스기야처럼 기도했다. 내 생명을 연장해 달라고 말이다. 히스기야에게 처방했던 무화과 한 뭉치를 나에게도 보여 달라고 했다. 시간이 갈수록 오기가 생겼다. '나는 이대로 침몰할 수가 없어. 나는 할 일이 있으니까. 이렇게 순순히 물러나면 안 돼. 나는 의사가 고개를 갸우뚱하게 만들고 깜짝 놀라게 만들 거야.' 처방약에 대한 부작용으로 또 한 번의 골짜기를 경험한 후로 약도 끊었다. 이제는 어떤 방패막이도 없다. 내가 의지할 수 있는 어떤 과학적인 도움도 없다. 막막했다. 지인의 소개로 알게 된 약국에서 만든 비싼 영양제를 먹었다. 몸에 좋다는 분말 생식을 먹었다. 아무것도 의지할 것이 없을 때 나를 내려놓았다. 이제는 내가 할 일이 없었다. 다만 하나님의 간섭하심만이 필요했다.

지난달에 의사는 내게 정말로 어떻게 이렇게 더 좋아졌느냐고 하였다. 그러면서도 그는 이건 시술하면 되니까 심해지면 그렇게 하자고 하였다. 나는 회심의 미소를 지었다.

'선생님, 나는 선생님께 시술을 안 받을 거예요. 나는 당신을 깜짝 놀라게 할 거예요.'

이렇게 마음속으로 말한 후로 아침에 산으로 간다. 헉헉대며 다니지만 마음엔 즐거움이 스멀스멀 인다.

R=VD 공식이 있다. 이것은 realization = vivid

dream 이다. 생생하게 꿈을 꾸면 그것이 성취된다는 공식이다. 어떤 꿈을 꾸게 되면 그것을 이루기 위해 모든 열정을 바친다. 막연히 생각만 하는 것이 아니라 그 꿈의 실현을 위해 자신의 모두를 바치다 보니 정말로 그렇게 된단다. 간절함이 실제적인 열매로 나타나게 된다. 히브리서 11장 1절에 이런 말씀이 있다.

"이제 믿음은 바라는 것들의 실체요, 보이지 않는 것들의 증거니."

적극적인 믿음을 구사하지 않고 바라기만 한다면 그것은 평면적인 사진이나 다름없다. 살아 움직이는 영화, 활동사진이 되어야 한다. R=VD는 성경의 기도 공식은 아니다. 예수님이 단지 우리의 좀 더 편안한 삶과 형통한 삶을 위해서 십자가에 달리신 것은 아니지 않는가? 이지성 작가의 책에 이 공식에 관한 글들이 나오는데 그는 이 공식은 무한한 상상력으로 충만했던 유년 시절의 우리 자신이라고 말하였다. 기도와 이 공식에 관하여 나는 많은 도전을 받았다. 하나님의 궁극적인 영광을 위하여 나는 이 세상에서 멋지게 살아야 한다.

카페에서

햇빛이 투명했다. 금요일 시월의 한낮이 참 조용하게 흘러가고 있었다. 그러던 중, 갑자기 남편이 소리쳤다.

"아이고, 주여!"

하면서 두 손으로 얼굴을 가리고는 탁자에 엎드렸다. 나는 가끔 그런 신음을 들을 때마다 가슴이 철렁 내려앉는다. 내 눈을 어디에 두어야 할지도 모르겠고 가슴은 갑자기 철렁 내려앉으며 방망이질을 한다. 어찌할 바를 모르고 있을 때 남편이 얼굴을 들었다.

"설교 한 편을 만드는 것은 온몸을 쥐어짜는 고통이야."

"아, 설교 때문이었어요?"

"주일 설교 준비를 끝냈거든."

갑자기 긴장이 풀렸다. 덩달아 긴장했던 내 몸이 서서

히 풀려나갔다. 나는 이런 순간이 제일 견디기 어렵다. 아니, 무섭다.

남편은 주일 설교를 두 편 준비한다. 주일 오전과 오후 설교이다. 그리고 수요일에도 설교한다. 거기에 다른 목사님들은 하지 않는 월요일에서 금요일까지의 십 분 말씀인 '미라클 모닝'을 방송한다. 그래서 나는 남편에게 항상 엉덩이를 조심하라고 한다. 욕창 환자처럼 혹시나 의자에서 짓무르지 않을까 하는 얼토당토않은 근심 때문이다.

모든 목회자들은 설교의 황태자라는 '찰스 스펄전' 목사님을 닮고 싶어한다. 스펄전은 15세가 되었을 때 눈보라가 치던 날 감리교 평신도의 '바라보라'는 설교를 듣고 구원받았다. 그는 일 년 뒤에 설교자로 초빙되었으며 22세에는 가장 인기 있는 설교자가 되었다. 어느 목사님 서재에나 있는 것이 그의 책이다. 그의 설교는 지금도 많은 영향을 끼치고 있다.

마가복음 12장에는 예수님의 설교에 대하여 나온다.

"어찌 서기관들은 그리스도가 다윗의 자손이라고 말하느냐?"

"그러므로 다윗이 스스로 그를 주라 부르니 어찌 그가 그의
자손이 되겠느냐?"

라고 말씀하시는 부분이 나온다. 예수님께서 이렇게
말씀하시니 '보통 사람들이 그분의 말을 즐겁게 듣더라'고
하는 부분이 있다. 여기에서 나는 항상 잠시 멈춘다. 내 남
편도 예수님처럼 이렇게 설교하면 좋겠다고 생각한다. 보
통 사람들이 즐겁게 듣는 쉬운 설교, 능력이 있는 설교,
감동이 있는 설교 말이다. 남편이 하는 많은 설교들이 이
렇게 되면 정말 좋겠다.

사람은 어떤 일에 돈을 지불하면 그 돈의 가치를 잃지
않기 위하여 노력한다. 그리고 거기에 온 마음을 쏟는다.
목양실이 깨끗하고 조용하고 환한데도 남편은 출근해서
하루 종일 그곳에 머물지 않는다. 무거운 가방을 메고선
백색 소음이 있는 카페로 가서 꼭 연한 아메리카노 한 잔
을 시킨다. 그리고는 내가 또 엉덩이 걱정을 할 때까지
앉아 있는다.

나는 남편과 같이 카페에 앉아 있으면 데이트를 하는
것 같아서 기를 쓰고 같이 가려고 한다. 우리는 커피값

두 잔의 거창한 투자를 하고는 온 마음을 다해 집중한다. 무슨 일이든 돈을 내야 한다고 말하면서 말이다. 어떤 책에 가장 훌륭한 멘토는 돈을 가장 많이 지불한 멘토라는 말이 있었다. 그 말이 전적으로 옳다고 공감한다. 그 말을 들었을 때 명료한 깨달음이 왔다. 맑은 햇살이 비치는 금요일 오후, 남편의 갑작스러운 신음소리에 나는 철렁한 가슴을 또 한 번 쓰다듬었다.

사랑과
이별

Part 4

나무 십자가

오 형제님은 우리 교회에 네 번 정도 나왔다. 예배가 시작된 후에 와서는 항상 뒷자리에 걸터앉는 느낌으로 있다가 갔다. 병색 있던 그가 암 판정을 받은 후에 남편은 그에게 강남의 건강 식당에서 밥을 사 주었다. 건강 식당은 대장암으로 투병했던 집사님이 우리를 데려가서 가끔 밥을 사 주었던 곳이다. 거기에는 튀기거나 기름에 볶은 음식은 없다. 채소는 물에 데치거나 찌거나 날로 먹게 되어 있다. 소고기나 돼지고기, 닭고기도 없고 단백질 종류는 콩으로 만든 콩고기뿐이다.

아산병원 응급실에서 만난 그는 나를 보며 사모님이냐고 새삼스레 물어보았다. 내가 낯설었나 보다. 하긴 그런 건강 상태로 예배당 뒷자리에 걸터앉듯 했던 그가 다른 사람의 얼굴을 제대로 보았을 리가 없다. 그는 갸름하고 하얀 얼굴이었다. 얌전한 학생처럼 고분고분한 느낌이었다. 항상 뒷자리에 앉아있던 그를 예배시간에 나는 간간이 돌아다보았다. 다른 사람과 아는 체하거나 인사도 별로 없었다. 그렇게 얌전한 사람은 신경이 쓰이기 마련이다. 그는 교회 식당에서도 조용했다. 그가 불치병을 앓고 있다는 사실을 알았을 때 슬픔이 내 마음 깊은 곳에서부터 서서히 올라왔다. 자신이 심각한 상태라는 것을 알았는지 그는 굳이 살려고 하는 아등바등 한 태도도 보이지 않았다. 두 달여의 투병 끝에 그는 평소 주위 사람들에게 작별인사를 한 대로 하늘나라로 갔다.

안산에 있는 작고도 초라한 장례식장에 갔다. 크고 깨끗하고 환한 종합병원 장례식장은 우울한 느낌이 조금 덜하다. 작은 장례식장은 불빛부터 흐리다. 왠지 더 지저분해 보이고 사람도 더 슬퍼 보인다. 그런 장례식장에서는 음식도 잘 넘어가지 않는다. 장례식장에서 정해진 음식 외에 더 가져다 먹는 사람을 보면 참 신기하게 느껴진다. 내가 잘 아는 사람이 이 세상을 떠나면 며칠 동안 고기도 못 먹고 젓갈 종류도 먹지 못한다. 도무지 입에 들어가질 않는다. 아무렇지도 않게 먹고 마시는 사람들을 보면 어떻게 저토록 아무렇지도 않을까 싶다. 장례식장의 규모가 어떠한가는 죽은 사람의 재력 내지는 힘의 결과로 보인다. 사실이 그렇다.

"우리 아빠 여기 계셔요."

진노랑 티셔츠를 입은 초등학교 1학년 딸이 손가락으로 어딘가를 가리키며 말했다. 아이가 가리키는 곳을 보니 그곳엔 아빠의 영정사진이 놓여 있었다. 그 아이에겐 병들어서 말없는 아빠나 사진 속의 아빠나 똑같은 것일 게다. 찰랑거리며 뛰어다니는 아이의 가슴에 조그만 나무 십자가가 흔들리고 있었다. 내 시선을 따라가던 아이의 엄마가 말했다. 며칠 전 아빠가 선물로 걸어 준 것이라 한다. 같은 병실에 있던 환자가 신앙생활을 잘하라며 선물로 준 것인데 남편이 소중하게 여겼다고 한다. 그는 자기가 다시 태어나면 욕심부리지 않고 가족과 함께 교회에 열심히 다니고 싶다고 했단다.

서울에서는 한 번도 내게 말을 걸지 않던 그녀였다. 그런데 그날은 말이 자꾸 흘러나왔다. 자기 남편이 천국에 갔다는 말이 믿음이 없는 그녀에게도 한없는 위로가 되었나 보다. 그녀에겐 남편이 신앙을 가졌다는 사실이 죽은 사람을 위해 걱정할 것 없다는 안도감으로 바뀌었나 보다. 오 형제님을 전도하지 않았다면 이런 일이 있을 수 있을까? 나는 그를 우리 교회로 데리고 온 자매가 너무나 고마웠다.

나오는 길에 한 손으로 그녀의 어깨를 감싸 안았다. 나보다도 키가 작아선지 내 팔에 쏙 들어왔다. 그녀에게 무엇을 해줄 수 있다면 해주고 싶었다. 나를 따라 나오며 그녀가 자랑하듯이 또 말했다.

"우리 딸이 아빠 핸드폰에 메시지를 남겨 놓았어요. '아빠! 이제는 몸속에 벌레도 없고 아프지도 않는 하늘나라에서 오래오래 행복하게 사세요'라고요."

발걸음을 멈췄다. 울음이 울컥 올라왔다. 그녀의 어깨를 잡은 손에 힘을 주어 꼭꼭 눌렀다. 그녀는 의지할 사람이 아무도 없어 보였다.

오 형제님은 아무런 거부감도 없이 예수님을 영접했다. 예수님을 구세주로 받아들이겠느냐는 물음에 대한 대답은 두 종류로 나뉜다. 어떤 사람은 순수하게 받아들이는 반면, 어떤 사람은 아직은 때가 아니라고, 아직 믿어야 할 필요를 못 느낀다는 사람도 있다. 겸손하게 자신의 죄인 됨을 시인하고 예수님을 받아들이는 사람은 드물다. 사람은 더 이상 어찌할 수 없는 막다른 골목에 다다르면 자기 자신에게 있는 고집도 쓴 뿌리도 내려놓는다. 자신이 죽음과 가까이 있다고 생각하면 사람은 맑은 상태가 되나 보다. 무슨 일이든 진지하고 마음을 다하여 성실히 임하게 된다.

초상집에 갔을 때 가장 곤란한 일은 죽은 그 사람이 믿음이 없는 사람일 때이다. 목사인 남편은 이럴 때 어떤 설교를 해야 할지 난감해한다. 믿음을 가진 사람이 이 세상을 떠났을 때는 천국에 가셨으니 아쉽지만 기뻐하라고 말한다. 목소리에도 힘이 있고 아무런 설교를 해도 막힘이 없다. 그렇지만 믿음이 없이 떠난 사람은 유가족에게 어떤 위로의 말을 할지 몰라서 공연히 쭈뼛거린다. 그런 집에 문상 갈 때면 마음이 무겁다. 우리 교회 성도들에게는 그런 일이 일어나지 않기를 간절히 바란다.

어린 딸이 핸드폰에 남겨둔 말 그대로 그는 하늘나라에서 행복하게 살 것이다. 또한 그녀 역시 이 땅에서 행복하게 살았으면 좋겠다.

차이

얼마 전 팔십이 넘은 할아버지 두 분을 방문했다. 두 분 다 풍족한 환경에 홀로 사시는 분들이다. 자식들은 나름대로 다 성공했고 건강도 그만그만하시다. 한 분은 현 집사님이시고 한 분은 우리 작은아버지이시다. 목동 아파트에 사시는 우리 작은아버지는 해군이었다가 공무원 생활을 하셨다. 일 년 전에 아내를 사별하고 너무나 외로워하셨다. 어쩌다가 내가 전화라도 드리면 그렇게 반가워하시곤 했다.

그 집은 너무나 깨끗하다. 무엇이든 반듯반듯하게 잘 정돈해 놓았다. 살림도 잘하신다. 밥은 물론 빨래와 청소도 잘하신다. 우리 아버지는 집안일은 하지 않으셨는데,

작은아버지는 아무렇지도 않게 그런 살림을 쓱쓱 잘하신다. 그러니 내 눈에 신기해 보이기까지 한다. 냉장고를 열어보니 반찬 그릇과 노란 냄비까지 좌우로 나란히 하고 있다.

거실에 덩그러니 놓여 있는 티브이 한 대가 작은아버지의 유일한 소일거리다. 들리는 소리라곤 티비 소리뿐이고 말할 상대도 없다. 교회는 몇 번 나가보았는데 취미에(?) 맞지 않는다 하신다. 작은아버지 이력에는 천주교 영세도 있긴 하다. 그것도 작은어머니 손에 이끌려 나갔기 때문에 얻은 이력이다.

작은아버지는 어릴 적에 우리 가족을 참 잘 대해주셨다. 인천에 사셨는데 전라도에 있는 우리 집에 오실 때는 항상 사탕을 사 오셨다. 투명한 비닐에 싸여있던 노랑, 빨강, 연두색 색깔의 사탕을 지금도 선명히 기억하고 있다. 작은아버지는 우리 아버지가 돌아가시고 모든 형제들이 모였을 때 우리 아버지가 말씀하시던 것을 녹음하셔서 우리에게 들려주셨다. 그 순간이 잊을 수 없는 내 생의 강렬한 순간이다. 지금에 와서 왜 그걸 다시 녹음하지 못했을까 하는 후회가 된다. 형님이 돌아가시니 말할 수 없이 쓸쓸하고 허전하다고 우리에게 말씀하시기도 하셨다. 외모도 우리 아버지를 가장 많이 닮으셔서 깜짝깜짝 놀란다.

믿음을 가지시라고 말씀드리면 "이 나이에 뭘 바라겠니? 그저 구들장이나 지다가 가는 거지. 뭐" 하고 말씀하신다. 이렇게 말씀하시면 참 난감하다. 차라리 반대를 하시면 이야기하기가 좋을 텐데 더 이상 뭐라고 말씀드릴 수가 없다. 깔끔함과 근면과 절약이 그분을 대변하는 단어다. 깔끔한 집에 가면 조심스럽다. 함부로 어지르지를 못한다. 그 집에는 웬일인지 온기가 없다. 무언가 살아있고 움직이는 것이 있어야 하는데 그 집에는 정적만 있다. 나도 그 집에서 음식이라도 해드렸어야 했는데 그러지도 못하고 밖에 나가 다슬기 국밥을 저녁으로 사 드렸다.

작은아버지는 우리가 보기에도 참 양심적으로 사신다. 아마 당신 자신도 그렇게 살았다고 생각하실 것 같다. 스스로 생각하기에 죄를 많이 지어서 자기도 그렇게 인정하는 사람들이 복음에 더 확실히 반응한다. 그 저녁의 쓸쓸함과 허전함이 나에게까지 묻어온다. 뭔가를 그 집에 가득 채워 주고 싶었다.

손때 묻은 주전자에 커피 물이 펄펄 끓고 있는 집이 현

집사님 집이다. 벽에는 손자, 손녀, 아들, 며느리, 증손자들 사진으로 꽉 채우시고 붓글씨로 작품을 만들어 또 다른 벽에 걸어 놓아서 빈틈이 없는 집이다. 몇 년 전에 내게 인생의 허무함을 말씀하시면서 한자어를 말씀하셨는데 '양의 좁은 어깨에 비추는 햇빛'과 같이 세월이 빠르다 하셨다. 그분은 경로당 회장님으로 마치 회사를 경영하는 사장님 같기도 하다. 동네 아줌마 할머니들에게도 인기가 있다. 옷도 색깔을 잘 맞춰서 입으신다. 간혹 멋진 양복에 백구두를 신고 오셔서 우리를 미소 짓게 만드신다.

교회에 큰 행사가 있을 때 화분이 많이 들어왔었다. 그때가 영하로 내려가던 때였는데 그 화분들을 모두 밖으로 내놓아야 한다고 강력하게 주장하시는 바람에 밖으로 내놓았다. 그다음 날부터 화분들은 모두 새카맣게 변하면서 죽어갔다. 그야말로 얼어 죽은 것이다. 그분이 그 화분을 못 보시도록 감추느라고 애를 썼던 기억이 있다. 우리를 만날 때마다 돌아가시기 전에 하나님께 당신의 뭔가를 드리고 싶다고 후렴처럼 말씀하신다.

그 집에 가면 항상 우리 손에 무언가를 쥐어주신다. 꿀,

립스틱, 향수, 화장품, 인삼이나 보약 종류를 주신다. 미국 사는 아들 집에 다녀오시면 선물이 더 풍성하다. 그 집엔 항상 뭔가가 많다. 심지어 큼지막한 약봉지도 서너 개는 된다. 강동구에 있는 맛집도 함께 많이 다녔다. 주변에는 멋쟁이 할아버지 친구도 많이 계신다. 그분은 주위에 사람들이 많다. 외모도 적당히 통통하셔서 넉넉해 보이신다. 그분은 항상 무언가로 채워져 있다.

누구나 온기 있는 집을 바란다. 깨끗하고 조용하고 온기 없는 것보다는 좀 지저분해도 커피 물이 펄펄 끓고 음식 냄새가 있는 집이 좋다. 무언가를 누구에게 줄 수 있는 사람이 좋다. 자기에게 무엇이든 넘치면 그것은 다른 곳으로 흘러가게 마련이다. 남한테 받지도 않고 주지도 않겠다는 사람들이 있다. 그들은 실수도 안 하지만 다른 사람에게 온기도 줄 수 없다. 처음에는 모르지만 조금 지나면 그 사람에게 가까이 다가가기가 쉽지 않다. 내 마음을 열고 실수도 보여주고 틈도 보여주는 것이 다른 사람을 편하게 한다. 물질이 넉넉해서 다른 사람들에게 나누어주었으면 좋겠다. 사랑이 넘쳐서 다른 사람에게 흘러가게 하는 사람이 되었으면 좋겠다.

눈물 하나

“여보! 김 자매님이 소천 받았대.”

“뭐라고요?”

갑자기 아뜩해지고 귀가 먹먹해졌다. 심장이 큰 소리로 빠르게 뛰었다. 예견했지만 있어서는 안 될 일이 일어난 것 같았다. 아직도 선홍색 장밋빛 립스틱을 바르고 얌전한 체크무늬 모자를 쓰고, 선생님을 만나는 초등학생 같았던 삼성의료원에서의 그녀가 생생하다. 처음 발병했을 때 성경을 들고 이야기하던 목사님에게 그녀는 내가 왜 죄인이냐며 울부짖었다. 더 이상 어떤 말도 할 수 없었다. 어떻게 더 무슨 말을 할 수 있으랴. 그렇다. 그녀가 병에 걸린 것은 그런 문제는 아니다. 때로는 용납할 수 없는 현실이 다른 모양으로 온다. 더구나 그것이 이 세상과 이별하는 모습으로 온다는 것은 더더욱 받아들일 수 없다.

여자의 마지막 자존심인 머리칼을 밀고, 그것을 신경조차 쓸 수 없을 정도로 고통을 감내하던 부부를 떠올린다. 어느 날 초저녁에 그 집에 심방을 간 적 있다. 그는 마침 외출하고 돌아오던 길이었다. 아픈 아내를 혼자 둘 수 없어서 아내와 함께 다녀오던 길이었다. 나는 낙심한 그의 얼굴을 어떻게 볼지 두려웠다. 그러나 내 앞에 나타난 얼굴은 낙심한 자의 표정이 아니었다. 발그레하게 상기된, 큰 선물을 받은 소년의 얼굴이었다.

"집사람을 태우고 한강 변을 산책하고 마트에 갔습니다. 갔다가 오는데 너무너무 신납니다. 같이 나와서 돌아다니는데 정말 신납니다."

휠체어를 미는 그는 정말이지, 신이 난 표정이었다. 그것은 아무도 빼앗을 수 없는 행복이었다. 천사도 건드릴 수 없는 인간의 행복이었다.

아내가 병원에 있을 때 밤중에 그 집에 방문하면 그는 물어보지도 않고 커피를 타 왔다. 진한 커피가 담긴 커피잔은 아이보리와 아쿠아그린 커피잔인데 커피잔과 받침

이 두 번이나 바뀌었다. 여자의 빈 자리를 그것이 말해주었다. 여자의 빈 자리는 부엌에서 제일 잘 나타난다. 부엌에서 달그락거리는 소리를 들으며 일어서고 앉고를 반복했다. 캄캄한 밤중에 어린 아들은 우리를 아랑곳하지도 않고 혼자서 잘도 놀았다. 무어라고 할 말이 없어서 그 집을 금방 나왔다. 이런 집에 심방을 갈 때엔 모든 할 말을 미루고 남편이 말하기를 기다린다. 어떻게 무슨 말을 해야 할지 모르기 때문이다. 사실 대단한 말이 필요한 것도 아니다. 그냥 아내를 간호하던 남편의 얼굴을 한 번 더 보는 것뿐이다.

어떤 사람이 아프거나 병원에 입원했을 때, 어려운 형편에 처해 있으면 그 일이 해결될 때까지 마음이 무겁다. 내가 어떤 일을 해줄 수도 없다. 도움을 줄 수도 없다. 내가 할 수 있는 일이라곤 전화를 하거나 심방을 가는 것이다. 차를 같이 마시고 기도하는 것뿐이다. 병도 고쳐줄 수 없고 문제를 시원하게 해결해 줄 수도 없고 돈이 없는 사람에게 돈도 줄 수 없다.

바울은 많은 사람들의 병을 고쳐주었다. 베드로도 많은 사람들의 병을 고쳐주었다. 심지어 죽은 사람을 다시

살리기도 하였다. 그렇지만 바울은 육체의 가시를 가지고 평생을 살았고, 베드로는 약한 모습을 보여서 바울에게 책망을 받기도 했다. 그들은 위대한 하나님의 사람들이고 능력도 많았지만 그런 모습을 보면 안도감을 느끼기도 한다. 나 자신이 능력이 없다는 것에 대한 위로라고 할까?

빈소에 일찍 도착했던 우리는 커피 한 잔을 나누어 마셨다.

"한 잔씩 드셔야죠."

"우리는 원래 사이가 좋아 한 잔 가지고 나누어 마셔요."

"우리도 그랬었는데."

그 말을 듣는 순간 나는 아차 싶었다. 큰 죄인이 된 기분이었다. 어찌할 바를 몰랐다. 오래전 어떤 집사님이 내게 작은 일화를 들려주었다. 아내를 잃은 형제님이 아내의 빈소에서 귀찮게 하는 아들을 향해 무심코 이렇게 말했다. "너, 엄마에게 가 있어." 그 말을 들은 아들이 대답했단다. 엄마가 영정 속에 가 있다고. 아마 습관적으로 내뱉은 말이었을 텐데, 그 순간 형제님 역시 아차 싶었을 것이다.

삼 일 동안 눈물을 상징하는 진주 알갱이 하나를 목에
걸었다. 차마 세상을 떠날 수 없어 하던 그녀의 마음을
생각했다. 가을 찬바람 속에 남겨진 그와 그녀의 두 딸과
앙증맞은 검은 양복을 입고 빈소에서 태권도 연습하던
어린 아들에게 내 눈물 하나를 보라고 말하고 싶다.

금숙이와 아버지

수요일 오후에 전화가 왔다. 항상 명랑한 최 자매가 한 옥타브 내려간 목소리로 말했다.

"사모님, 나 울어 불고 잡소."

"무슨 일인데요?"

"우리 아부지가 돌아가셨는갑소. 오늘 아침에 엄마는 꽃놀이 갔는디. 시집간 동생들이 집에 가보니 주무시듯 가셨다 허요. 보름 전에 내가 가서 뽀숭뽀숭허게 목욕도 시켜 디렸는디…."

전라도 광주에 문상을 하러 갔다. 전라도는 잔치에 홍어가 나오지 않으면 잔치가 아니라고 하던데, 최 자매네 장례식장에서 그 홍어가 나왔다. 전라도 사람들의 음식에 대한 열정은 대단하다. 하나님을 믿지 않는 형제들이 많아서 예배하는 것은 생각조차 못 했는데, 아버지가 구원받으셨다고 해서 최 자매가 예배를 만들어(?) 냈다.

"우리 아부지가요. 이렇게 말했어요. '최 목사님 말 잘 허드라. 나가 집에 오믄 교회를 꼭 댕길라고 혔는디 못 갔다.'고 혔어요. 나 아부지가 돌아가시면 안 울라요. 그렇께 '그려라 죽은 사람이 머 알간디' 그렸어요."

정말로 최 자매는 내 앞에서는 한 번도 울지 않았다. "우리 아부지는 복, 복, 복이 많은 사람인가봐요. 천국에 가시고, 돌아가실 때도 잘 가시고, 날도 좋고, 예배도 허고…."

기운이 진하여 죽은 아브라함처럼 마지막을 마감하셨으니 그럴 만도 하다.

고향 집 마을 회관 앞에 장례용 캐딜락이 섰다. 캐딜락 창문을 똑똑 두드리며 최 자매가 말했다.

"우리 아부지 여기 기신가? 좋은 디 누워 기시요. 잉?"

저런 딸을 둔 아버지가 복이 있다고 생각했다. 동구 밖을 향해 가는 상여 행렬은 달팽이처럼 느렸다. 푸르름이 진동하는 나주의 배 밭에 적당히 따가운 햇살이 눈부시게 내리쬐고 있었다.

최 자매 친정집은 울창한 대나무밭 옆에 있다. 어느 날 갑자기 시골집이 홀랑 타 버려서 최 자매 아버지는 딸의 집에 한 달여 동안 머무셨다. 그 집이 불에 타지 않았더라면 그 아버지는 고향 집에 머무셨으리라. 타 버린 집 때문에 서울에 오셨다. 오랫동안 정들었던 집이 타 버렸으니 그것은 기가 막힌 일이다. 더구나 낯선 서울 생활을 해야 한다니 절망하셨으리라.

갑작스럽게 좋지 않은 일을 당하면 사람들은 세상을 원망하고 누군가를 원망한다. 전화위복이란 말도 있다. 하지만 그 사실을 받아들이는 것은 생각만큼 쉽지 않다. 이럴 때 안 믿는 사람들은 '재수가 없다'라고 말한다. 반면에 믿음을 가진 사람들은 '모든 것이 합력하여 선을 이룬다'라고 말한다. 누군가 이렇게 말하는 것을 들었다. '믿는 사람들은 잘 돼도 하나님의 뜻, 못 돼도 하나님 뜻이라고 하더라. 그런 게 어디 있나? 다 자기 하기 나름이지.'

최 자매 아버지가 낙천적이었는지 절망을 했는지는 모르겠다. 그분은 교회에 와서 예수님을 순수하게 받아들이고 믿음을 가지셨다. 그리고 그분의 딸인 최 자매는 참 명랑하다. 사람들이 모여 있을 때 최 자매가 나타나면 분위기가 갑자기 활기를 띤다. 최 자매는 우리 교회에 추수감사절 예배 때 처음 나왔다. 그날 교회에서 먹었던 밥이 너무 맛있었다고 한다. 그 밥을 먹으려고 교회에 나오다 보니 교회에 다니게 되었다고, 누구에게나 말한다. 교회 밥이 맛있어서 교회 나온다는 사람이 또 있어도 좋다. 그 사람은 분명히 '모든 것이 합력하여 선을 이룬다'라고 말할 사람이다.

쁘까 쭘뻐이

오밤중에 들어간 씨엠립캄보디아의 도시은 길가의 야자
수들로 나를 설레게 하였다. 호텔 로비에는 사진으로만
보던 하와이풍 하얀 꽃이 물에 담겨 있었다. 꽃 이름은
쭘뻐이, 캄보디아의 국화라고 한다. 쁘까는 꽃이라는 말
이라 하니 수식어가 명사의 뒤로 가는 이 나라의 어법을
보면 쭘뻐이 꽃이라는 말이다. 동백처럼 꽃잎이 두텁고
단단해 보이는 이 꽃은 가장 아름다울 때 동백처럼 시들
지도 않고 떨어져 버린다. 그래서 물에 담가두고 그 마지
막까지 보는 듯하다.

앙코르 제국은 12, 13세기경에 왕성했다. 앙코르 제국
은 15세기경에 멸망하여 무성한 잡초 속에 그 자취를 감

추었다. 정글을 헤매다가 그 왕국을 발견했던 프랑스 신부를 생각하면 내가 소름이 돋는다. 앙코르 와트는 '사원의 도시'라는 말이다. 왕국이 융성했을 당시에는 그 정글의 도시에 백만 명 정도가 살았다 한다. 사원들이 여기 저기 흩어져 있었는데, 앙코르 톰, 바욘 사원, 쁘레야칸, 따쁘롬, 그리고 앙코르 와트 순서로 보았다.

원래 힌두교 사원이었는데 자야바르만 7세 때부터 불교의 유적들이 생겨났다. 앙코르 톰의 미소 짓는 석상들도 관세음보살상이라고 한다. 회랑과 벽들의 부조들은 힌두교의 냄새가 짙게 풍겼다. 부조에는 서당에서 공부하는 학생들, 닭싸움, 개싸움, 출산하는 여자, 악어에 물린 사람, 돼지를 거꾸로 들어 끓는 솥에 넣는 장면, 음식을 대접하는 장면 등 일상생활이 새겨져 있다. 물고기가 수도 없이 새겨져 있었는데 가까운 톤레샵 호수에는 노를 저을 수 없을 정도로 고기가 많았다고 한다. 너무나도 정교한 부조에 그저 입을 벌릴 뿐이다.

앙코르 와트 압사라 부조는 웃음이 나서 또 한 번 볼 수밖에 없다. 압사라는 춤추는 선녀를 말한다. 선정적인 부조의 젖가슴은 사람들이 만지고 만져서 까맣게 반들반

들해졌다. 우리나라 같으면 상상도 못 할 부조인데 가나안 종교처럼 성을 숭배하는 그들로서는 가능한 이야기인 것 같다. 그곳에는 미완성 부조의 회랑이 있다. 쭘뻬이처럼 어느 날 갑자기 왕국이 망해서 석공도 죽지 않았을까? 스펑이라는 큰 나무가 커다란 돌들을 제치고 서 있는 것도 경이로웠다. 그것은 원시적인 자연의 힘 그 자체였다. 영화 '화양연화'에는 앙코르와트의 돌 틈에 양손을 대고 양조위가 장만옥과의 사랑을 말하는 장면이 나온다. 그러곤 그것을 가느다란 풀잎으로 막는다. 그 비밀이 새어 나오지 못하게 말이다. 그곳은 옛날과 현대가 교차하는 곳이기도 하다. 무수한 관광객들이 끊임없이 옛 영화를 불러내고 있는 곳이다.

톤레샵 호수는 제주도의 1.5배가 되는 호수이다. 호수 입구에는 흙탕물을 터전 삼는 사람들이 있다. 그 물로 목욕하고, 밥을 짓고, 용변도 보고, 물 위에는 방앗간도 있고, 가게도 있고, 학교도 있고, 교회도 있다. 한국 사람이 지은 교회다. 우리나라 기독교의 위력을 본다. 호수 입구, 시궁창 냄새 나는 길 위에 많은 아이들이 나와 놀고 있다. 산아제한도 없이 낳은 아이들은 부모들의 생계수단이 되어 있다. 맨발로 "1달러"를 외치고 다니는 아이들은 하루의 양식을 위한 도구일 뿐이다. 그들을 보며 나는 막막한 심정이 들었다.

씨엠립에서 프놈펜까지는 차로 5시간 거리이다. 5시간을 달리는 동안 양쪽에는 푸른 논이 끝없이 이어졌다. 야자수처럼 큰 트나웃 나무가 간간이 서 있는 시골 풍경은 환상적이다. 이렇게 넓은 땅, 이렇게 많은 곡식, 그렇게 많은 물고기가 있음에도 왜 거리에는 배고픈 사람들이 그렇게도 많을까! 농가의 마당들에는 웅덩이가 있고 그곳에는 분홍, 진분홍, 보라, 흰색의 연꽃이 있다. 연꽃이 관광상품인 우리와는 달리 그곳은 연꽃이 생활 그 자체였다. 불교의 상징이 연꽃일 수밖에 없는 이유를 알 것 같았다. 저녁 어스름에 나는 보았다. 농가의 마당에 봉숭아, 맨드라미, 백일홍, 분꽃이 야자수와 함께 있는 것이 아닌가. 콜럼버스만큼은 아니겠지만 그 경이로움이란. 우리는 분명 이런 곳들을 거쳐 왔을 것이란 생각이 들었다.

김 선교사님의 교회와 사역지를 둘러보며 많은 생각을 했다. 폴 포트의 지식인 학살로 인해 지식 기반이 무너진 사람들에게 선교한다는 것은 거의 맨땅에 헤딩하기 수준이다. 그들에게 예수님이란 그들이 믿는 신 중의 하나일

뿐이다. 그들의 생각을 바꾸고 복음을 전해야 하는 이중의 부담이 있는 것이다. 교육열에 불타는 우리나라 사람들에게 감사한다. 그곳에는 물량 공세 하는 대형교회들의 선교에도 맞서고 한 사람의 영혼에 관심을 가져야 하는 선교의 어려움이 있다.

프놈펜 왕궁이 있는 강변에는 할 일 없는 무수한 사람들이 나와 있다. 아이들은 자치기와 제기차기를 하고, 강변의 번듯한 가게는 서양 사람들이 모두 점령하고 있다. 메콩강 유람선을 타고 나서 최고로 호화로운 식사를 했다. 14불짜리 비프스테이크는 정말 맛이 최고다. 만약에 다음에도 온다면 나는 이렇게 주문할 것이다. "200그램짜리 비프스테이크, 그린 페퍼 소스, 구운 감자, 음료수는 에비앙"으로.

캄보디아 사람들은 하나같이 다 왜소하고 빼빼했다. 먹을 것에 갈급하고 수명도 짧다. 어디를 가나 부채 모양의 머리가 일곱 달린 뱀의 왕 '나가'신의 형상이 있다. 도시에도, 시골 동네 다리 난간에도. 사탄에게 꽉 잡혀 있는 불쌍한 민족들이다. 묶인 자에게 자유를, 빈핍한 자에게 자유를 주는 것은 복음뿐이다.

한창일 때 떨어지는 쭘뻐이 꽃잎을 말려 차를 끓여 먹으면 산모가 예쁜 아기를 낳는다고 기사 아저씨가 말했다. 금세 떨어지는 그 꽃이 너무나 일찍 스러지는 이 민족을 닮았다는 생각을 했다. 꽃 하나에 해학과 슬픔이 깃들어 있다.

월계동의 노부부

날씨가 매서운 날, 월계동에 사시는 양 할아버지와 황 할머니 집에 심방을 갔다. 그분들은 칠십이 넘은 나이에 지하철을 타고 불편한 몸으로 성내동 우리 교회까지 오신다. 할아버지가 구부정한 허리로 인사를 하시면 황송하기 그지없다. 버선발로 나오는 듯한 환대에 내 마음은 푸근해졌다. 그들에겐 병으로 멀리 떠나 사는 딸 하나와 집을 나가버린 양아들이 있다.

할아버지 할머니는 평일에 우리 교회에 가끔 오셔서 교회 사무실 앞에 우두커니 서 계셨다. 나가서 물어보면 조금만 도와 달라고 하셨다. 몇 번을 그렇게 하셔서 어느 날 주일에 교회에 나오시면 점심도 드리고 돈도 만 원씩 드리겠다고 했다. 그 후부터 계속 교회에 나오셨다. 할아버지는 허리가 구부정하고 할머니는 걷는 것이 시원치 않으셨다. 그분들은 당신들이 사시는 월계동 근처에서 차마 도움이 필요하다는 말을 할 수가 없었다. 그래서 그렇게 멀리 우리 동네까지 오셨다. 집이 당신 이름으로 되어 있어서 정부의 도움도 받을 수가 없다. 사실 막막한 생계 때문에 우리 교회까지 오시게 되었다.

그 집이 궁금했다. 13평 아파트에 들어서는 순간 정갈한 분위기에 놀랐다. 아파트는 따뜻한 햇살이 내리쬐었다. 그 집은 여느 집과 다를 바가 없었다. 아니 오히려 더 깨끗하고 정돈된 것이 두 노인만 사는 집이라고 할 수가 없었다. 책장에는 책도 꽂혀 있었다. 방 안은 먼지 하나 없었다. 거실 한쪽에 조그만 인형과 장식품들이 오종종하니 진열되어 있었다. 방안에는 큼지막한 성경 하나가 상 위에 놓여 있었다. 할아버지와 할머니처럼 방 안은 좁고 작지만 깨끗하다. 할머니는 머그잔에 가득 미숫가루를 타고 조그만 사과 두 개, 큼지막한 귤 세 개를 쟁반에 담아 오셨다.

두 분께 글 없는 책을 가지고 남편이 복음을 설명했다. 나 대신 죄를 짊어지고 십자가에서 죽고 부활하신 예수님을 설명했다. 여러 교회를 다니셨던 두 분은 들은 말씀이 많아선지 두 번 설명할 필요도 없었다.

"이 예수님을 어떻게 하시겠어요?"

"내 마음에 영접해야지요."

두 손을 모으고 큰 소리로 기도를 따라 하신 두 분에게 물었다.

"예수님이 어디 계신가요?"

"내 마음속에 계시지요."

"죄는 어떻게 되었나요?"

"용서되었지요."

"이제 하나님을 뭐라고 부르실 수 있나요?"

"아버지라고 부를 수 있지요."

"거듭나야 천국을 볼 수 있다 했는데 몇 번 나셨나요?"

"두 번 났지요."

"예수님이 저 현관문을 열고 들어오신다면 뭐라고 하시겠어요?"

"감사하다고, 정말 감사하다고 해야지요."

복음을 설명하던 우리가 놀라고 있었다. 하나님은 이런 사람들을 준비해 놓으시고 마지막 한 번만 더 우리가 수고해 주기를 바라신다는 생각이 들었다. 그들은 설컹거리지 않는, 완전히 익은, 먹기만 하면 되는 잘 익은 노랑 호박 고구마 같았다.

　할아버지는 의사가 얼마 못 사실 거라고 선고했다. 병중에 계신 할아버지를 걱정하며 할머니가 말했다.
　"할아버지가 한 오 년만 더 살게 기도해 주세요. 영감님하고 오 년만 더 이 집에서 산다면 바랄 것이 없어요. 목사님, 사모님 그렇게 안 될까요?"
　"그렇게 기도하죠. 더 오래 건강하게 사셔야죠."
　"고맙습니다. 고맙습니다!"

　하나님께서 이 기도는 꼭 들어주셔야 한다. 이렇게 간절한 기도를 안 들어 주시면 안 된다. 가끔 이렇게 절박한 가정을 만날 때마다 어찌할 줄 모르겠다. 내가 할아버지의 병을 고칠 수 있다면 백 번이라도 천 번이라도 기도하겠다. 이 세상에는 이렇게 간절한 기도가 필요한 사람들이 있다. 점심을 먹은 지 얼마 안 되었는데, 진한 미숫가루 한 잔과 사과를 먹은 우리는 할머니가 홀랑 껍질을 까 버린 귤 세 개를 더 먹어야 했다. 할머니는 우리가 긴 복도를 지나 엘리베이터 앞까지 가는 동안 문 앞에 서서 우리를 지켜보셨다. 내가 뒤돌아서서 들어가시라고 손짓을 할 때까지.

오해

　사울의 군대 장관 넬의 아들 아브넬은 요압에 의해 죽임을 당했다. 이 일로 다윗은 백성들로부터 오해를 받는다. 왕이었던 사울이 평소에 다윗을 죽이려고 온 이스라엘 땅을 헤매고 다녔으니 다윗과 사울이 원수지간이란 것을 모르는 사람이 없었다. 기브온 못가에서 아브넬의 말로부터 싸움이 벌어졌는데 여기에서 다윗의 군대 장관인 요압의 동생 아사헬이 죽는다. 아사헬은 들노루같이 빠른 자라 했다. 무엇인가를 잘한다는 것은 더불어 큰 올무가 되기도 한다. 쫓기던 아브넬의 간청에도 불구하고 좌우로 치우치기를 거부하고 달려가던 아사헬은 빠른 발 때문에 죽었다. 엄청난 속도로 달리던 그는 창 뒤끝을 댈 뿐이었는데도 몸이 뚫렸다.

그 후에 아브넬은 사울의 족속이었던 베냐민의 마음을 다윗에게 돌린다. 다윗에게 왔다가 평안히 돌아간 아브넬의 소식을 전장에서 돌아온 요압이 듣게 된다. 아브넬을 죽일 절호의 기회를 놓친 요압은 다윗 모르게 사자들을 보내어 아브넬을 시라 우물에서 데려온다. 요압은 짐짓 그를 불러 조용히 말하려는 듯하다가 그의 다섯째 갈빗대 밑을 쳐서 죽인다. 요압은 자기 동생을 죽인 아브넬을 용서하지 못하고 아사헬을 위해 원수를 갚았다.

다윗은 백성에게 명령한다."너희는 옷을 찢고 굵은 베를 두르고 아브넬 앞에서 애곡하라."고 말이다. 그리고 아브넬의 관을 따라갔다. 다윗은 아브넬의 죽음을 애통해했다. 아브넬의 죽음을 다윗은 애통해하지만 백성들은 그 일에 냉소적이다. 분명히 아브넬은 그때의 상황으로 보면 다윗의 원수였기 때문이다. 왕의 애가와 슬픔은 정당한 평가를 받지 못하였다. 다윗은 그 일에 해명을 하지 않는다. 해 지기 전까지는 음식도 거부하였다. 다윗이 금식을 말했을 때에야 비로소 백성들은 아브넬을 죽인 것이 그의 소행이 아님을 안다.

오해라는 것은 어떤 사람에게 자신이 실망했을 때 나

오는 것이 아닌가 싶다. 오해라는 것은 해명으로 금방 풀어지는 것도 아니다. 따가운 시선을 의식하며 괴로움의 밤을 보내고 나서야 해결될 때가 많다. 자신의 의로움에 집착한다면 그것만큼 힘든 것도 없다. 그 사람 밑에 서 보면 오해가 이해가 된다. 누군가는 그 사람의 신발을 신어보라고 한다. 나는 다윗의 인간성과 그의 끊임없는 하나님에 대한 신뢰 때문에 사무엘하가 좋다. 다윗이란 남자가 좋다.

종암동 모친을 심방하러 갔다. 우리 집에서 그곳으로 가려면 구리시를 지나고 태릉을 지나야 한다. 하루도 집에 있지 못하고 돌아다녀서 머리가 아프고 몸이 쑤셔댔지만 남편의 말만 믿고 따라나섰다. 모시러 갔다가 모셔다 주겠다는 남편의 말에 거만하게 따라나선 것이다. 사실 심방 약속은 성도들을 실망시킬까 봐 파기하지도 못한다. 그 길로 가면서 나는 또 하나의 장관에 혀를 내둘렀다. 낮은 구릉마다 배꽃이 하얀 물결을 이루고 있다. 기가 막힌 언덕의 선들은 하얗게 포말을 이루었다.

"조금만 더 가봐. 다음은 더 멋있어. 이거보다 더 좋아."

남편은 요즘에 이 길을 매일 지나다녔으면서 나에게는 배꽃이 이렇게 멋있다는 이야기를 한마디도 안 했다. 나

같으면 하루에 수백 번도 더 했을 것을 말이다.

　남편이 알고 내가 모르는 어떤 일들이 있을 때 가끔 성
도들이 이렇게 말한다.
　"목사님하고 사모님은 대화를 안 하시는가 봐요."
　나는 이런 말을 들을 때가 가장 민망하다. 그리고 어떤
일을 내게 얘기하지 않은 남편에게 섭섭하다. 고의가 아닌
줄을 알면서도 성도들이 오해하는 것 같아서 찜찜하다. 또
하나, 날마다 꽃 타령만 하다가 내가 날마다 놀고먹기만
하는 사람이라 오해받을까 두렵다.

양아들

종합병원 병실에서 만난 자매님은 힘든 모습이다. 휠체어를 타고 운동을 갔다가 너무 기진해서 병실로 왔다. 그녀의 건강이 항상 마음에 걸려 있는데 하나님의 도우심이 너무나 절실하다. 휠체어를 밀고 왔던 도우미 아저씨는 계속 친절하게 말을 하며 자매님을 침대에 눕히고, 베개를 베어주고, 손가락 하나하나를 잡아당겨서 마사지를 해주곤 시트를 정성스럽게 덮어 주었다.

"오늘, 좋은 일만 있기를 바랍니다~"

라고 전심을 다하여 몇 번이고 말하였다.

"아저씨, 너무나 친절하시네요."

"아, 저는 성은 양 씨이고 이름은 아들입니다."

흔들거리는 그의 이름표를 얼른 보았다. 그는 문 아무

개였다. 세상에! 나는 그렇게 친절한 사람은 처음 보았다. 그는 다시 손을 무릎에 대고 꾸벅 인사를 하였다.

"오늘, 좋은 일만 있기를 바랍니다~"

이삭의 아내 리브가는 아브라함의 종 엘리에셀이 이삭의 신붓감을 만나러 메소포타미아로 왔을 때 그에게 친절을 베풀었다. 리브가는 엘리에셀이 누구인지도 모른 채 엘리에셀은 물론 그의 낙타 열 마리에게 물을 주었다. 낙타는 단번에 50리터의 물을 마시기도 하는데 이런 낙타 열 마리에게 물을 길어 먹였다. 고된 노동을 자청한 리브가는 친절한 여자다. 친절이라는 것은 사람은 물론 짐승에게도 애정을 가질 수 있는 사람이 가질 수 있는 마음이다.

보아스는 베들레헴 들판에서 룻을 만났다. 룻은 이방 여인인 모압 여인이었고 남편도 없이 시어머니를 모시는 가난한 여자였다. 보잘것도 없는 이 여인에게 보아스는 친절을 베풀었다. 그녀가 아무 두려움 없이 이삭을 줍게 했고, 먹을 것을 주었다. 타작마당에 들어온 그녀에게 면박도 주지 않고 보리를 이워 주며 친절히 대했다.

거기에 보아스는 룻을 위하여 기업 무르는 자의 의무를 이행했다. 기업을 무른다는 말은 대가를 치르고 회복시켜 준다는 의미이다. 기업 무르는 자의 의무는 빚진 자의 토지를 사서 회복시키거나 과부가 된 여자와 함께하여 죽은 자의 이름을 이어주는 것이다. 보아스는 그녀와 결혼하였다. 하나님은 그의 친절에 대하여 오벳이라는 아들을 허락하신다. 오벳은 다윗의 할아버지가 되고 다윗의 혈통에서 예수님이 태어나신다. 보아스의 친절은 사람을 귀중히 여기고 사람에 대한 연민이 있는 친절이었다. 그런 친절은 사람이라면 누구나 아니, 여자라면 누구나 받고 싶은 친절이다.

행여 누가 될까 봐 나는 자매님의 손을 잡지도 못하고 시트 위에 내 손을 올려놓고서는 조용히 말했다.

"자매님, 마음이 몸을 다스립니다. 마음이 무너지면 안 돼요."

자매님의 눈에서 눈물이 주루룩 흘러내렸다.

"자매님, 이제부터 내가 꼭 일어나야겠다고 생각하세요. 그리고 자매님의 세포에게 명령하세요. 속히 정상으로 돌아오라고 하세요. 자매님의 몸에게 다시 소생하라고 명령하세요. 하나님께 기도하고 도우심을 간구합시다."

이럴 때는 어떤 친절한 말로 내 친절이 느껴지도록 말할 수 있을까? 내가 무슨 말로 위로할 수가 있을까? 친절함으로 마음이 녹아지고 용기와 의욕이 생기게 할 수 있을까? 능력 없는 나는 다만 이사야 50장의 말씀을 떠올렸다.

"주 하나님께서 학식 있는 자의 혀를 내게 주사 내가 피곤한 자에게 때에 맞는 말을 할 줄 알게 하시나니 그분께서 아침마다 일깨우시되 나의 귀를 일깨우사 학식 있는 자 같이 듣게 하시는 도다."

하나님, 저에게 학식 있는 자의 혀를 주소서. 피곤한 자에게, 연약한 자에게 말할 줄 알게 하소서.

비

　밤에 엄청난 비가 왔다. 번개와 천둥이 쳤다. 소낙비, 폭우였다. 아파트 칠 층 우리 집에서 낙숫물 내려가는 소리가 시원하게 들렸다. 기왕 오는 비가 더, 더, 더 오기를 바랐다. 빗소리가 나를 쓸어갈 정도로 오기를 바랐다. 이렇게 비가 올 때는 어릴 때의 한 장면이 생각난다. 넓은 논에 벼를 심어 놓고 그 벼가 탄탄하게 뿌리를 잡은 이때쯤이었을 게다.

　비가 며칠 동안 오고 끝도 없이 세차게 쏟아졌다. 혼곤하게 잠든 어린 나를 깨우는 소리가 들렸다. 안방 문을 세차게 열었다가 닫는 소리였다. 나는 어렴풋이 잠이 깼다. 비를 원망하는 아버지의 목소리가 들렸다. 그 목소리를 듣자 잠시 불안한 마음이 들었다. 그렇게 잠이 깬 몇 번의 밤을 기억하고 있다. 아버지는 당신이 정성스레 가꾼 벼가 물속에 잠겨서 숨이 막히는 것을 보며 마치 자신이 벼라도 된 양 괴로워하셨다.

다음 날 아침에 삽을 들고 논의 물꼬를 트고 논두렁을 손보고 돌아오시는 아버지와 마주하였다. 아버지는 아침에 논에 다녀온 이야기를 엄마에게 큰 소리로 전했다. 비가 많이 오면 벼에 병에 생긴다는 걸 그때 알았다. 아버지의 원망스러워하시던 목소리를 잠이 덜 깬 상태에서 들었다. 지금도 기억하는 벼의 병명이 있다. '흰 잎 마름병'과 '도열병'이다. 나는 지금도 그 병이 무슨 병인지 모른다. 그것은 많은 비와 함께 듣던 억울한 이름이다.

왜 우리 아버지는 당신의 물속에 잠긴 벼만 생각하셨을까? 걱정 없이 자라야 할 당신의 딸이 있다는 것을 생각하지 않으셨을까? 그 딸이 방문 여닫히는 소리를 불안하게 듣고 있다는 것을 왜 생각하지 않으셨을까? 이제 나도 부모의 마음을 헤아릴 수 있는 나이가 되었다. 그 비가 오는 밤에 잠 못 이루었던 아버지의 마음을 생각한다. 하나님께 맡기는 것을 알 수 없었던 젊은 우리 아버지는 그

벼 한 포기 한 포기가 당신의 자식들이었다. 그것으로 자식들에게 밥을 먹이고 가르치셔야 했다. 육체노동이 아니면 돈을 만들 수 없었던 우리 아버지, 그런 아버지를 나는 가슴 아프게 떠올린다.

지금의 우리는 자식들의 '자존감'이니 '긍정적 생각'이니 해서 그 밤의 우리 아버지처럼은 하지 않을 것이다. 어쩌면 지금은 예전 우리 아버지처럼 절박한 경제적 어려움이 없기 때문인지도 모른다. 아버지는 우리에게 밥을 먹여야 했다. 우리는 자식에게 교육시켜야 하는 의무가 있기 때문일까? 말년에 성경을 읽으시고 나와 이야기하시던 아버지를 생각하면 그나마 빚진 마음을 내려놓을 수 있다. 폭우 속의 벼를 생각하시던 우리 아버지처럼 나도 내가 기르는(?) 벼를 생각하지 않을 수 없다. 하나님이 맡겨 주신 내 교회를 그렇게 생각하는지 돌아보아야겠다. 아버지의 절박한 그 마음을 나에게도 주시길 바란다. 아니, 갖기를 바란다. 바울의 고백이 있다.

"밖에 있는 그 일들 외에도 날마다 내게 닥치는 것이 있으니 곧 모든 교회를 위하여 염려하는 것이라. 누가 약하면 내가 약하지 아니하느냐? 누가 실족하게 되면 내가 애타 하지 아니하느냐?"
　　　　　　　　　　　　　　　　　　　　- 고후 11:28, 29

문득 비가 많이 오면 교회 여자 화장실에 물이 똑똑 떨어지고 예배당 창가 한쪽 벽에 물이 스미는 것이 생각난다.

비야, 조금만 와라. 우리 교회 건물만 비껴가거라. 그리고 우리 집 낙숫물 소리만 크게 해주렴.

백미러

그녀와 우리는 일 년에 한두 번 만나는 사이다. 나는 외롭고 힘들었을 그녀를 생각하며 내 기도 목록의 한 곳에 정갈하게 그녀의 이름을 적어놓았다. 살갗이 아리는 추운 날이었다. 넓고 조용한 카페에서 우리는 감격스럽게 또 만났다. 살다 보면 이렇게 예기치 않게 만나고 싶은 사람들이 있다. 나의 몇 안 되는 지인들 중에 그녀는 그렇게 만나고 싶은 사람 중의 하나다.

우리는 쌍화차 두 잔과 대추차 한 잔을 시켰다. 그곳의 쌍화차는 꿀이 함께 나온다. 카페에서 커피를 마시지 않는 것은 카페인을 두려워한다기보다 감기 뒤끝의 기침 때문이다. 집에서 끓인 것 마냥 만족한 차 맛이 혀끝을

맴돌았다. 조신하고 믿음이 있고 아름다운 그녀는 아가
씨들처럼 긴 머리를 하고 다닌다. 나는 그녀의 젊음을 살
짝 질투하면서도 그 모습이 좋다. 그녀는 우리에게 자신
의 회한과 아쉬움과 남편에 대한 그리움을 말했다. 가만
히 듣고 있던 남편이 말했다.

"자매님, 이제 과거는 자동차의 백미러를 보듯이 살짝
살짝만 보세요. 백미러를 너무 오래 보면 사고가 납니다.
그 백미러는 앞으로 잘 가기 위해 보아야만 하는 것으로
생각하세요."

"아! 백미러…!"

자매의 놀라는 눈을 보며 내가 말했다.

"자매님이 남편의 장례식 때에 내게 말했어요. 자신은
후일에 오드리 헵번처럼 봉사하는 삶을 살고 싶다구요."

"제가요? 제가 언제? 기억이 안 나요. 제가 감히 어떻
게 오드리 헵번이라고 말했을까요?"

"내가 들었으니까 알지요. 나는 그때 많은 것을 안 느
낌이었어요. 이제 그렇게 살아가세요."

더 이상의 많은 말들이 필요하지 않았다. 자매는 반쯤
남아 식어버린 찻잔에 뜨거운 물을 부었다. 나도 뜨거운
물을 내 빈 찻잔에 부었다. 뜨거운 것은 형체도 없이 사
람을 만족스럽게 한다.

사람은 살다 보면 누구나 과거를 돌아보게 된다. 아무 어려움 없이 살아왔던 사람은 좋은 것을 기억하는 반면 어렵게 살아온 사람은 고통스러웠던 것을 기억한다. 어렵게 살아왔다면 좋은 것만을 기억하면 좋을 텐데, 어째서 안 좋은 것을 기억할까? 자신이 미처 하지 못한 일에 대한 아쉬움과 한 일에 대한 후회, 잃어버린 것에 대한 회한이다. 괴로웠던 날들이 많으면 많을수록 과거에 집착한다. 이것은 사람의 본능이기도 하다.

백미러를 들여다보듯 고통의 덩어리는 잠깐만 볼 수 있다면 얼마나 좋을까. 과거를 향해 뒤돌아보는 일이 삶을 앞으로 나아가게 하는 원동력이 된다면 얼마나 좋을까? 백미러는 자동차에 없어서는 안 되는 존재이다. 그것은 꼭 있어야 한다. 그것처럼 삶에는 고통이 있다. 고통 없는 삶이란 없다. 백미러를 살펴보듯 과거를 조금만 뒤돌아본다면, 과거는 미래를 위한 디딤돌이 될 수 있을 것이다. 그렇게 살아간다면 인생은 또 살만해질 것이다.

한참 익어가는 오후의 햇살 속에서 우리는 헤어졌다. 우리 차로 가는 길에 언뜻 뒤를 돌아보았다. 자매가 서서 우리에게 손을 들었다. 아차! 우리의 뒷모습을 보이는 게

아니었는데…. 자매를 차에 태워주고 헤어질 걸, 하는 후회
가 왔다. 넷이 만날 때에는 항상 유쾌하게 헤어지곤 했다.
자매가 선물해 준 커다란 딸기를 먹으며 큰딸이 말했다.
 "이 딸기는 차원이 다른 단맛이 있네."
 그렇다. 차원이 다른 삶도 있고 차원이 다른 사람도
있다. 믿음의 품격이 있는 사람, 훌륭한 인품을 가진 사
람을 안다는 것도 크나큰 축복이다.

나이

요셉은 110세까지 살았다. 그의 형 레위는 137세, 레위의 아들 고핫이 133세, 그의 아들 아므람이 137세까지 살았다. 요셉의 아버지인 야곱은 147세, 이삭은 180세, 아브라함은 175세까지 살았다. 아담은 930년을 살았고 노아는 950년을 살았으며 홍수 전에 가장 오래 살았던 므두셀라는 969년을 살았다. 혹자는 홍수 전과 홍수 후의 수명 차이가 엄청나게 벌어지는 것은 궁창의 물이 다 쏟아져서 자외선이 지구에 직접 쪼이기 때문이라고도 한다. 인간의 수명은 천 년에서 백 년으로 급격히 떨어졌다.

족장 시대와 이집트로 이주한 초기의 사람들은 지금

의 기준으로 보면 참 오래 살았다. 그중에서도 요셉의 년 수가 눈에 띈다. 그는 그의 동시대인들보다 30년 정도를 더 살지 못하였다. 이집트의 풍성한 혜택을 누리던 그가 왜 그랬을까? 궁금했다. 시편 105편 18절엔 이런 구절이 있다. '그들이 그의 발을 족쇄로 상하게 하고 그를 쇠창살 안에 넣어 두되'라는 구절이다. 이 말씀을 읽다가 요셉이 그의 형들보다 조금 살았던 이유를 내 마음대로 해석하였다.

어릴 적 그는 곱게 자랐다. 하지만 노예로 팔리고 외국에서 고달픈 이민 생활을 해야만 했다. 감옥에서는 왕의 신하들과 마냥 편하게만 있었던 것도 아니다. 사람들은 족쇄와 창살 안에서 그가 느꼈을 고통을 간과했다. 그것은 이집트의 높은 정치인들과 관련되어 감옥생활이 그려졌기 때문이다. 그는 감옥에서 왕의 죄수들과 있으면서 이집트를 공부하였을 것이다. 넓은 이집트 땅을 철저하게 공부하였을 것이다. 이후에 파라오의 꿈을 해석해주면서 그는 기근에 대한 해결책을 내놓는다. 그가 내놓은 해결책은 파라오가 그를 당장에 기용하였을 정도이니, 공부를 열심히 했다고 볼 수 있다. 그가 이집트의 기근을 해결하기 위해 얼마나 고심하였을까? 그에게는 다른 사람들보다 몇 배나 더 센, 강도 높은 삶이 있었다. 엄청난 시련과 스트레스가 그의 수명을 평균보다 짧게 했으리라 는 생각이다.

모세는 요셉보다 400년 후의 사람인데도 120세를 살았다. 그의 형 아론은 123세, 그의 누이 미리암도 그 정도였을 것이다. 모세는 죽을 때까지 눈이 어둡지 않았고, 타고난 힘이 줄지 않았다고 했다. 모세는 자신이 그렇게 정정했으니 가나안 땅에 들어가지 못하는 안타까움이 더했을 것이라고 생각된다. 모세는 그렇게 오래 살았는데도 우리의 햇수가 칠십이요 강건하면 팔십이라고 했다. 광야의 백성들은 그 정도만 살았던 것 같다. 광야에서의 방황이 40년으로 정해졌기 때문이지 않을까? 그 햇수는 지금 우리들의 햇수이다. 요셉과 우리들의 햇수 차이는 30년이니 우리는 과히 억울하다고 말할 수도 없겠다.

의료시설과 과학이 발달한 지금은 평균 수명이 90세다. 얼마 전까지만 해도 그 숫자가 많다고 했는데 지금은 아니다. 이제 90이란 숫자는 너무나 당연시된다. 단지 문제랄 게 있다면, 건강하지 못하고 가난한 채 오래 산다는 것이 문제다. 하류 노인이라는 단어까지 생겼으니, 나이가 들어감에 따라 그것은 타인에 대한 이야기가 아닌 내 이야기다. 나이 60세 이후의 수입이 한 달에 얼마인가, 그것이 우리의 화두다. 머리 염색을 하는 모든 자매들은 만나면 항상 아픈 이야기를 한다. 하지 말자고 하는 이야기가 그 이야기인데, 정신을 차리고 보면 또 그 이야기다. 오랫동안 입원해 있는 자매가 남의 일로 안 느껴지니 그런 것들은 동질감을 가져다주기 때문인가 보다.

늙지 않고는 살 수 없는 세상이니 나는 내가 젊어 보이게 해달라고 기도한다. 수술하는 일이 평생에 일어나지 않게 해달라고 기도한다. 가난하여서 주님의 영광을 가리지 않게 해달라고 기도한다. 아브라함처럼, 이삭처럼, 야곱처럼 부하게 살다가 자연적인 수명을 다한 후에 천국에 간다면 좋겠다. 다윗처럼 나이 많은 날들을 채우고 부유하게 지내며 존귀를 누리다가 죽으면 더할 나위 없는 인생이리라. 나는 다만 그저 우리에게 우리가 앞으로 살아갈 날들을 계수할 지혜를 주시기를 구할 뿐이다.

치장

"교회에 나가는 사람은 귀고리나 목걸이를 하거나 화려한 옷을 입어도 되나요?"

교회에 이제 막 나오기 시작한 자매가 내게 조심스레 물어본다. 진심으로 궁금하다는 표정이다. 여자들은 외출할 때에 어떤 옷을 입고 어떤 장신구를 하느냐가 정말 중요하다. 나도 처음엔 교회에 다니는 사람들은 조신하고 검소하게 옷을 입어야만 한다고 생각하였다. 그것은 어느 순간부터인가 생겨난 사람들의 공통적인 인식이다. 사실 요즘에도 진한 립스틱을 바르고 교회에 오면 튀기 마련이다. 거기에다가 커다란 귀고리를 한다면 더 말할 나위가 없다.

예뻐지고자 하는 것은 여자의 본능이다. 무화과나무 잎으로 앞치마를 만들어 입은 이브는 그 모양에 관심을 가졌을 것이다. 하나님이 지은 가죽옷에도 관심을 가졌을 것만 같다. 엿새 동안 이 세상 만물을 만드신 하나님은 마지막 날에 아담을 만드시고 그의 갈비뼈로 이브를 만드셨다. 아담은 재료가 흙이었고 이브는 갈비뼈였다. 모든 것이 창조된 다음에야 비로소 여자를 만드셨다. 그러니 여자는 이 세상 최고의 작품이다. 걸작이다. 걸작은 멋있고 아름다워야 한다. 얼마나 아름다우면 아담이 첫눈에 반하였을까?

아브라함의 종 엘리에셀은 이삭의 신부로 리브가를 찾았을 때 금귀고리와 금팔찌를 그녀에게 주었다. 아브라함의 아내 사라와 이삭의 아내 리브가, 야곱의 아내 라헬은 어여쁜 여자로 성경에 묘사된다. 아리따운 여자의 목록에 오른 인물은 압살롬의 누이 다말과 압살롬의 딸 다말도 있다. 성경의 기자도 예쁘다는 것에 주목하였다. 사실 여자들은 거울을 볼 때마다 자신이 예뻐지기를 소망하고 소망한다. 오죽하면 백설 공주 계모는 세상에서 제일 아름다운 사람이 되기 위하여 백설 공주에게 독이 든 사과를 먹였을까?

목사님들과 같이 공부하던 중에 등장한 질문이다. 만약에 일주일 안에 써야 할 현금이 일억 있다면 어떻게 쓰겠느냐는 질문이 있었다. 호기롭게 답을 썼다. 공짜 돈이 생겼는데 무엇을 못 하랴 하는 생각이 들었다. 중국 서안과 일본 교토와 이탈리아 로마에 가서 럭셔리한 여행을 하고 싶고 백화점에 가서 내 마음에 드는 옷을 마음대로 사고 싶다고 썼다. 마음대로 옷을 산다면 일억도 모자랄 것이다. 상상으로라도 그렇게 하겠다고 하니 마음이 뿌듯했다. 목사님들의 대답은 교회 빚도 갚고 싶고, 좀 더 좋은 곳으로 옮기고 싶다고 했다. 나의 육신적인 모습이 여과 없이 나타난 공부였다. 목사님들이 얼마나 사역에 눌려 있는가를 생각하니 마음이 짠하였다. 어떤 목사님은 공부가 끝난 후에 통쾌하다고 했다. 내가 한 백화점 이야기가 아닌가 해서 내 마음도 통쾌했다.

사무엘상 16장에는 이런 이야기도 있다. 사무엘이 두 번째 왕으로 다윗에게 기름 부으려고 베들레헴 이새의 집에 찾아갔을 때의 일이다. 이새의 아들 엘리압이 오자 사무엘은 주의 기름 부을 자가 참으로 그분 앞에 있다고 하였다. 그런 사무엘에게 하나님은 사람의 용모나 키의 크기를 보지 말라고 하신다. 하나님은 사람이 보는 것처럼 보지 아니하니 사람은 겉모습을 보나 하나님은 마음을 보신다고 하셨다. 어떤 목사님은 사무엘상 16장을 설교하면서 사람은 겉모습을 보니까 아내들은 남편들이 퇴근할 때 치장하고 있으라고 한다. 미소를 짓게 하는 지당하신 말씀이다.

어디서 들었는지 귀고리를 하면 여섯 배가 예뻐 보인다는 딸의 말에 나는 그날로 액세서리점에 가서 귀를 뚫었다. 그리고 진주 귀고리를 샀다. 나에게는 그것만큼 만만하고 예쁜 것도 없다. 다른 것이 있어도 주일 아침마다 그것을 하는데 아무도 눈치를 채지 못하는 것 같다. 하긴 일주일에 한 번 하는데 이상한 것은 한 번의 망설임도 없이 그 귀고리를 한다는 데 있다. 주일 아침이면 예뻐지려고 많은 노력을 한다. 이 세상을 창조하실 때에도 하나님은 날마다 보시기에 좋았더라고 하셨다. 하나님이 보시기에 좋은 것은 사람이 보기에도 좋다. 하나님은 우리를 사랑하시니 우리가 예쁜 것은 그분의 기쁨일 것이다. 우리 마음 놓고 치장해 보십시다. 우아하게, 멋지게.

나를
움직이게
하는 것들

Part 5

나팔

토요일 오후에 광화문에 갔다. 교황의 시복식이 끝난 광장은 휑뎅그렁하게 시설물들만 남아 있다. 그날 광화문은 수많은 인파로 넘쳤다. 세계적인 관심을 끌 정도였다. 나는 교황의 말 한마디 한마디에 온 신경을 집중하는 매스컴의 모습에 놀랐다. 아무것도 아닌 것에 온갖 의미를 부여하고자 하는 사람들, 눈물을 흘리며 하나님을 대하듯 영광스러워하는 사람들, 그런 광경을 보고 놀랐다.

교황은 어떤 성경 구절도 언급하지 않았다. 다만 그의 행동만이 크게 부각되었다. 성경보다 우위에 있는 것이 교황의 권위라는 말이 실감났다. 나는 소경이 소경을 인도한다는 하나님 말씀이 생각났다. 교황의 방한 중에는

'평화'라는 말이 곳곳에 넘쳐났다. 천주교 신자의 가게나 집, 심지어 방송국까지도 평화라는 말은 상징처럼 붙어있었다. 무엇을 위한, 누구를 위한 평화인가? 그 평화란 인간과 인간의 평화가 아닌 하나님과 인간의 평화이어야 한다. 그것이 진정한 평화, 화목, 화평이 아닐까?

광화문에서 천호역행 전철을 탔다. 맞은편에 수녀 한 사람이 앉아 있었다. 고단한 하루를 보냈는지 그녀는 눈을 감고 있었다. 나는 요샛말로 그녀의 모습을 '스캔'하였다. 작은 키의 그녀는 꼿꼿하게 앉아서 조금도 흐트러짐 없이 조신하다. 가슴에는 금속의 십자가 목걸이를 하고 긴 수녀복 밑의 조그마한 발은 하얀색 면양말과 투박한 검정 샌들로 감춰져 있다. 무릎 위의 아이보리색 면 가방은 프란치스코 교황의 얼굴과 함께 '평화가 여러분과 함께'라는 빨간 글씨가 쓰여 있다. 그 수녀와는 반대로 나는 꽃무늬 원피스를 입고 있었고 아이보리색 샌들 앞부리에는 빨강색 매니큐어를 바른 발톱 여섯 개가 붉게 빛나고 있었다. 저 수녀는 어떻게 여기까지 시간을 헤쳐 나왔을까? 꼭 나만큼의 세월을 산 것 같은 그녀에게 애틋한 마음이 들었다.

구약에선 이런 이야기가 등장한다. 이스라엘 백성들은 제사장의 나팔 소리를 듣고 앞으로 나아가야 할 동태를 결정할 수 있었다. 한곳으로 모여야 할지, 행군을 하여야 할지 전쟁을 하여야 할지를 판단할 수 있었다. 나팔은 제사장들이 불었다. 그들은 나팔에 대해서는 전문가들이다. 나팔 하나에 이스라엘의 행동이 결정되었다. 민수기 10장에는 나팔을 부는 방법이 나와 있다. 나팔을 여러 개 불 때엔 온 회중이 모세에게 나오고, 나팔을 하나만 불 때엔 이스라엘 회중의 우두머리 통치자들이 모세에게 나아왔다. 경고 나팔을 불 때는 동쪽에 있는 진영들이 앞으로 나아가고, 경고 나팔을 두 번 불 때는 남쪽에 있는 진영들이 이동했다. 회중을 모을 때도 나팔을 불지만 경고 소리는 내지 말라고 했다.

고린도전서 14장에 이런 말씀이 있다.

"피리나 하프같이 생명 없는 것들이 소리를 낼 때에 소리의 구분을 주지 아니하면 피리나 하프 소리가 무엇을 뜻하는지 어찌 알리요? 만일 나팔이 분명하지 못한 소리를 내면 누가 전쟁을 준비하리요? 이와 마찬가지로 너희가 혀로 알아듣기 쉬운 말들을 하지 아니하면 그 말한 것을 어찌 알리요 너희가 허공에다 말하리라.”

천주교의 모호한 평화와 교황의 모호한 언어들, 성경보다 우위에 있는 교황의 권위는 모호한 나팔이다. 그것은 듣고도 무엇인지도 모르고, 무엇을 해야 할지도 모르는 불분명한 나팔이다.

토요일에 만난 그 수녀는 얼마나 정확히 복음을 이해하고 있을까? 나도 초등학교 때는 수녀가 멋있어 보였다. 나도 수녀가 되면 어떨까 생각했다. 지금도 많은 사람들이 신앙을 가진다면 성당에 나가겠다고 한다. 멋있어 보인다는 이유다. 어찌하여 신앙을 상품 고르는 듯이 할 수 있을까? 불분명한 것은 은근히 멋있어 보인다. 그것은 어떤 책임도 수반하지 않기 때문이다. 믿음은 진리에 대한 선택이다. 하나님의 말씀에 대한 순종이다. 성경이 말하는 진리에 대한 인정이다. 복음은 인간의 죄와 그에 대한 그리스도의 대속과 그것에 대한 믿음이다. 받아들임이다. 성경보다 우위에 있는 것은 어떤 것도 진정한 권위가 될 수 없다. 분명하지 않은 나팔은 사람을 움직일 수 없다. 정확한 나팔은 사람을 행동하게 한다. 그 나팔이 의도하는 대로.

아버지

양수리에 있는 지인을 심방하러 갔다. 그는 산속에 그림 같은 집을 짓고 살고 있다. 지인의 남편은 신체를 움직일 수 없었다. 모든 신체의 움직임은 정지당한 채 오로지 눈만 깜박였다. 격한 감정은 몸의 경련으로 표시하고 있었다. 젊은 나이에 모든 것을 뒤로한 채 방 안에 누워있다. 수동적으로 모든 것을 받아들이기만 한다는 것은 그에게 어떤 의미일까! 그의 아내는 중병을 앓고 있다. 그런데도 그녀의 목소리는 빵빵한 바람이 들어간 공처럼 통통 튀고 있다. 자기는 하나님이 분명히 낫게 해주실 거란다.

남편의 더딘 회복이 더 중요했다. 이렇게 고통이 깊은 가운데 그림 같은 집이 무슨 의미가 있을까. 그건 아무것도 아니다. 그림 같은 집은 단지 집일뿐이다. 돈이 많은 것은 또 무슨 의미가 있을까. 그것은 단지 조금 편할 뿐이다. 명예가 있다는 것은 무슨 의미가 있을까. 그것은 그저 허공에 존재할 뿐이다. 문득 부모님 생각이 났다. 수많은 역경에도 서로의 안위만을 걱정했던 부모님 말이다.

벼를 베어 낸 논들이 많이 보인다. 그 풍경을 보고 있자니 평생을 농부로만 살았던 우리 아버지가 생각난다. 짙은 회색으로 변해버린 벼 밑동을 보면 왜 아버지 생각이 날까? 평생을 들에서만 사셨기 때문일 것이다. 그 아버지가 칠십이 넘어 예수님을 믿었다. 아니 교회를 다니셨다. 그 교회 목사님은 나이가 많은 분이셨다. 구원을 거저 받는 일은 아버지가 용납하지 못하셨다. 어느 날 아버지는 내게 말씀하셨다.

"우리 목사님이 그러던데, 구원을 받으려면 예수님 십자가의 고통을 느껴야 한다고 그러더라. 나는 그것이 이해가 안 된다. 삼국지에서 관우는 화타가 썩은 팔의 뼈를 깎아 내는데 마취도 없이 바둑을 두면서 견뎌냈잖니? 그정도는 나도 할 수 있다. 구원을 받기 위해서라면…."

그 말을 들을 때에 우리 아버지가 믿음에 대해 진지하

게 고민하시는 것을 보고 기뻤다. '아, 우리 아버지는 곧 예수님을 믿겠구나.' 싶었다. 아버지는 나중에 병상에서 사위의 도움으로 예수님을 영접하셨다.

"아버지, 잠언에 나오는 육선이 뭐예요?"

"맛있는 고기반찬이란다."

"세마포는요?"

나는 알면서도 괜한 질문을 만들어서 아버지와의 대화를 즐겼다. 어렸을 때 아버지가 문득 내 얼굴을 보는 것을 느껴서 물어보았다.

"왜 제 얼굴을 보셔요?"

"네가 너무너무 이뻐서 그런다."

아버지는 그런 말씀을 자주 하셨다.

어느 날 집안의 맨 우두머리인 아버지는 시제에 가서서 말씀하셨단다. 예수님을 믿기 때문에 앞으로 제사를 안 지내겠다고 말이다. 그렇게 선포하고 오셨다. 어느 해에는 추수가 끝나고 벼 가마니로 십일조를 계산하셨는데 비율로 볼 때 그 동네에서 제일 많은 수확을 거두었다고 하셨다. 믿지 않는 자식들에게 예수님 믿을 것을 유언으로 남기기도 하셨다.

아버지는 서울에 오시면 나와 함께 다방에 가곤 했다. 그곳에서 함께 커피를 마셨다. 함께 커피 미시던 곳이 '솔다방'인 것도 기억난다. 아버지는 어릴 때 사 주지 못했던 하늘색 멜빵 치마를 대신해서 가방을 사 주기도 하셨다. 우리 아버지는 정말 멋진 분이셨다. 이 하늘 아래 같이 호흡한다면 나는 정말로 좋은 딸이 될 자신이 있는데….

큰비

굵은 빗줄기가 쏟아졌다. 무서운 기세로 퍼붓는 소리에 잠에서 깼다. 홈통의 물이 온 힘을 다해 밑으로 흘렀다. 시원하다. 너무나 통쾌하다. 아무도 해를 입지 않는다면 내 마음이 만족할 때까지 내렸으면 싶었다. 그렇게 시원하게 비가 내렸다.

침대에 얼굴을 붙이고 창밖을 보았다. 캄캄했다. 이렇게 몸으로 느껴지는 빗줄기가 노아의 홍수 말고 또 성경의 어느 부분에 있었던가. 아, 에스라 10장에 있었다. 바벨론에서 돌아온 사람들이 이방 여인들과 결혼했을 때다. 에스라가 빵도 먹지 아니하고 물도 마시지 아니하면서 이스라엘 백성들을 구체적으로 벌하고 하나님 말씀으로 권면하는 부분이다. 9절에 다음과 같은 구절이 있다.

"유다와 베냐민 모든 사람이 삼 일 내에 예루살렘에 모이니
때는 구월 이십 일이라. 무리가 하나님의 전 앞 광장에 앉아서
이 일과 큰비를 인하여 떨더니"

이때는 큰비가 내리는 때였다. 이 큰비는 특별한 의미
로 이스라엘 백성에게 다가갔을 것이라고 생각된다. 백
성들에겐 이 비가 아마 자신들의 죄에 대한 하나님의 무
언의 책망으로 여겨졌을 것이다. 이들은 나중에 성전이 완
성되고 나서 수문 앞 광장에서 큰 부흥을 경험하게 된다.
학사 겸 제사장인 에스라의 설교 속에서 말씀에 의한 큰
부흥이 일어난다. 이스라엘 백성에게 모세의 율법을 가
르치기를 결심했던 에스라는 느헤미야와 함께 그의 목표
와 목적을 달성하고 만다.

여호수아 때로부터 중단되었던 초막절이 다시 드려지
고 낮 사분지일은 율법 책을 낭독하고, 낮 사분지일은 죄
를 자복했다. 하나님을 경배하기도 하면서 그들은 하나
님의 인도하심과 그 말씀에 푹 빠졌다. 하나님의 전 앞
광장에서 수문 앞 광장을 거쳐 일어난 부흥이었다.

하나님은 한 사람을 쓰신다. 에스라는 그 시대에 탁월하게 쓰임 받았다. 하나님은 각 사람을 개인적으로 부르시고 시대마다 개인의 일생을 통해서 하나님 일을 이루어 가신다. 하나님 사역에 쓰임 받는 사람이 있듯이 고레스 왕처럼 세상 역사 속에서 쓰임 받는 사람도 있다. 고레스는 페르시아 왕으로서 하나님 사역에 크게 쓰임 받았다. 이 고레스에 대하여 선지자 이사야가 하나님께 쓰임 받을 것을 오래전에 예언하였다. 고레스는 이스라엘 민족을 위해 쓰임 받기 위한 그릇이었다. 다니엘은 바벨론을 거쳐 페르시아 왕 고레스 시대까지 살았다.

바벨론 포로 이후에 에스라는 이스라엘 민족을 송두리째 흔든 제사장이며 지도자다. 거부할 수 없는 큰 부흥의 물결을 이루게 하였다. 민족의 생활뿐만 아니라 정치적인 역사를 이루고 영적인 각성을 이루게 하였다. 오래전에 나는 아들을 낳으면 '에스라'라고 짓고 싶었다. 그런데 아들이 없어서 그 이름은 그냥 생각으로만 남았다.

시오노 나나미의 『로마인 이야기』에 이런 부분이 나온다. '역사는 이따금 하나의 인물 속에 자신을 응축시키고 그 후 세계는 이 인물이 지시한 방향으로 나아가기를 좋아

하는 법이다. 이런 위대한 개인에게는 보편과 특수, 멈춤
과 움직임이 한 사람의 인격에 집약되어 있다. 그들은 국
가나 종교나 문화나 사회의 위기를 구체적으로 나타내는
존재다. 위기에는 기존의 것과 새로운 것이 뒤섞여 하나
가 되고, 위대한 개인에게서 정점에 이른다. 이런 위인들
의 존재는 세계사의 수수께끼다.'

요즘 읽은 책에는 이런 말이 나온다. 이런 위인들의 존
재는 시대가 그런 사람을 나오게끔 한다. 나올 수밖에 없
는 환경이 되기 때문이다. 사람은 의지적으로 사는 것이
힘들기 때문에 환경을 바꾸면 환경이 사람을 바꾸어 준
다고 한다. 모든 사람은 환경의 억압에서 자유롭지 못하
기 때문에 환경을 바꾸란다. 그런 환경에 나를 가져다 놓
으면 목적을 이룬다고 한다. 새로운 시각이라 생각된다.
일생을 바쳐 무슨 업적(?)을 이룰 수 있을까. 큰비 때문
에 큰 사람들을 생각한 아침이다. 오늘 아침엔 아랫집에
서 올라오는 애호박 볶는 냄새가 나를 일으켰다.

선물 때문에

앞집도 교패가 있고 우리 집에도 교패가 있다. 어느 날 앞집 아줌마가 우리 집 초인종을 눌렀다.

" 저~ 빈 접시를 가져왔는데요. 여기 선물이 있어요."

우리 접시 위에는 캔맥주 두 개가 놓여 있었다.

"애기 아빠가 북경에 다녀왔는데요. 중국 맥주를 사 왔어요. 맥주 드시죠? "

"아이고 어쩌나, 우리는 맥주 안 마시는데요. 접시만 주시고, 고맙지만 맥주는 가져가세요."

남편이 나에게 말했다.

"맥주도 받아두지 그랬어? 으흐흐…."

빈 접시를 돌려받으니 생각이 혼란스러워졌다. 앞집

남자는 인터넷을 통해 의료기구를 판매하는 사람이다. 그래서 택배 아저씨가 우리 집 앞에 짐을 잔뜩 쌓아놓기도 한다. 야구가 취미라서 야구 복장을 하고 나가는 것도 자주 보았다. 우리와는 나이 차이가 있고, 아이도 어려서 공통분모가 없다. 그도 그렇지만 우리는 어딜 가든지 간에 우리가 목회하는 사람이라는 것을 굳이 밝히지 않는다. 어쩌다 모르는 사람이 남편에게 목사님이냐고 물어본다. 목사님으로 보이나 보다. 앞집에도 직업(?)을 말한 적이 없었다.

그날 이후로 나는 결심했다. 서로 안 지가 언제인데, 아직도 우리가 무슨 일을 하는 사람인지조차 모르게 해서야 되겠느냐는 생각이 들었다. 초인종을 누르고 말했다.
"오늘 저녁 우리 집에서 저녁 식사 같이 하실래요?"
앞집 남자는 함박웃음을 지으면서 말했다.
"좋죠. 저는 좋아요. 정말 좋아요."
나는 마트로 달려가서 생선, 과일, 채소, 고기를 망설임 없이 카트에 집어넣었다. 그리고 우렁각시처럼 부지런히 요리해서 한 상 그득히 차려 놓았다. 우리는 우리의 정체를 밝히고 함께 이야기했다. 한참 후에 신앙의 문제를 내놓고 이야기하다가 그들의 고민을 알게 되었고, 수요일 아침에 내가 앞집 여자를 상담하기로 했다.

그날, 떨림으로 기다리다가 차와 양갱을 먹고 나서 우리는 성경을 보면서 이야기했다. 교회는 나름대로 다니던 사람이었다. 선한 행위를 하고 회개기도를 하면 천국에 가까이 갈 수 있으리라 생각한다고 했다. 그녀는 예수님을 영접하고 나서 말했다.

"우리 엄마는 권사님인데, 그날 이후로 물어봤죠. 엄마는 천국 갈 수 있느냐고 물어보았는데 갈 수 있다고 하시던데, 다시 물어보아야겠어요. 행위 때문인지 정말 은혜 때문인지."

아이 엄마는 에티오피아 내시처럼 흔연히 돌아갔다.

아파트는 지극히 폐쇄된 공간이다. 각자의 철문 속으로 들어가면 다시 그 문을 열기가 쉽지 않다. 용감하게 초인종을 누르는 사람들은 거의 다 이단들이다. 그들은 계시록에 나오는 십사만 사천 명에 들어가기 위해서 열심히 전도한다. 사람들은 열심을 내어 어떤 일을 하면 만족한다. 그리고 그 일들이 효험이 있으리라고 생각한다. 무슬림들이 하루 다섯 번 하는 기도는 그들의 일생을 옭아매는 행위가 된다. 사람들은 뭔가를 하면 자신이 정당하다고 느끼고 할 일을 했다고 생각한다.

요즘에는 전도를 위해 아파트 문을 연다는 것은 아예 생각조차 할 수가 없다. 아파트 공동 현관문을 열어야 하고 또 각자의 현관문을 열어야 한다. 예전처럼 집마다 전도지를 붙일 수도 없다. 설령 그렇게 했다 하더라도 경비 아저씨에게 누가 될까 봐 그렇게 할 수가 없다. 살아가는 방식이 변해서 그 방식에 적응해야 하는 시대가 되었다.

그 두꺼운 철문 속에는 나약하고 외로운 사람들이 살고 있다. 차단된 공간 속에서 차단된 생각들을 가지고 살고 있다. 우리가 목회자라는 것을 밝히지는 않아도 크리스천이라는 것은 얼마든지 밝힐 수 있었는데, 공연히 과잉반응하다가 엉뚱한 선물을 받았다. 나는 정신 차렸다. 후다닥 내 일을 한 느낌이다.

정치의 몰락

나는 신문을 보더라도 정치면은 큰 글자만 읽고 지나
간다. 날마다 똑같은 이야기이기 때문이다. 신문을 보다
가 『정치의 몰락』이라는 책을 읽게 되었다. 거기에서는
우리 세대를 '자판기 커피 세대'라 칭하고, 요즘 아이들
세대를 '에스프레소 커피 세대'라고 칭한다고 한다. 사실
커피만 하더라도 달달한 맛에 그것을 마시는 나는 자판
기 커피 세대이다. 커피머신을 들여놓고 사는 우리 애를
보면 에스프레소 커피 세대라 아니할 수 없다. 선거 땐
확연히 다른 의견을 볼 수도 있으니 그때마다 나는 벌써
내가 기성세대인가 싶다.

일찍이 하나님은 창세기 1장에서 아담에게 정치를 말

씀하셨다.

"다산하고 번성하여 땅을 채우라. 땅을 정복하라. 또 바다의 물고기와 공중의 날짐승과 땅 위에서 움직이는 모든 생물을 지배하라"라고 하셨다. 하지만 에덴동산에서부터 아담의 정치는 실패하였다. 그는 아내를 다스리는 것에 실패하였다. 아들들인 가인과 아벨을 다스리는 것도 실패하였다. 이브는 선악과를 따 먹고 가인은 아벨을 죽였다. 창세기 10장에서는 각 나라가 소개되고 11장에서 그들은 바벨탑을 쌓다가 언어의 혼돈으로 온 땅에 흩어진다.

창세기 12장에서 하나님은 한 사람 아브라함을 부르시고 그의 후손들을 통한 '나라 만들기'를 시작하신다. 부족의 형태로 시작된 이스라엘은 요셉이 이집트로 이동하고 또한 70인이 이집트로 옮겨감으로 나라의 태동이 시작된다. 이집트 고센에서 목축하던 이스라엘은 목축을 부정하게 여기던 이집트인들과 섞이지 않았고, 왕의 보호 아래에서 이백만여 명으로 무섭게 번성해 나갔다.

우리는 이백만이 많다고 생각하는데 중국 선교사님 사모님이 하는 말로, 중국인들은 '그것밖에 안 되냐?'고 한

단다. 그렇게 하나님은 국가의 구성요소인 '국민'을 만드
셨다. 그리고 그들을 이집트에서 데리고 나와 시내 산에
서 율법을 주어 '주권'을 주셨다. 여호수아와 함께 요단
강을 건넌 그들은 가나안을 정복하여 '영토'를 획득했다.
드디어 이스라엘은 국민과 주권과 영토가 있는 나라를
만들었다.

그곳에서 하나님은 당신이 그들의 왕이 되어 사사들을
보내시고 그들을 다스리셨다. 죄악과 핍박과 회개와 회
복의 굴레를 돌고 돌던 그들은 이웃 나라와 같은 정치체
제를 원하여서 하나님께 왕을 구하였다. 이스라엘 민족
이 왕을 구하는 죄를 범하자 사무엘은 애통해했다. 마지
막 사사였던 사무엘에게 하나님은 쓸쓸히 말씀하신다.

"그들이 너를 버리지 아니하고 나를 버려서 내가 자기들을 통
치하지 못하게 하려 하였느니라."   － 삼상8:7

하나님은 사울을 택하고 다윗을 택하고 솔로몬을 택한다.
나라는 둘로 갈라지고 왕들의 열전이 이어지다가 앗시리
아와 바벨론에 포로로 잡혀간다. 침묵 시대 사백 년 동안 많
은 제국들의 세력에 그들은 속수무책으로 당하고 만다. 바벨

론과 셀루쿠스 왕조와 톨레미 왕조가 지나간 후에 로마 시대에 이르러 때가 차매 예수님이 오신다. 그러나 인간의 죄 때문에 오신 예수님을 그들은 오직 정치적인 메시야로만 인식하였다. 예수님은 얼마나 자주 그의 십자가의 고난과 죽음과 부활을 이야기하였는가! 제자들은 듣고 들어도 그것을 이해하지 못했다. 살로메는 그의 두 아들 요한과 야고보를 데려와서 예수님께 우의정과 좌의정을 의뢰하였을 정도였다. 그해의 대제사장 가야바는 지극히 정치적인 발언을 한다.

> "또 한 사람이 백성을 위해 죽어서 온 민족이 멸망하지 않게 되는 것이 우리에게 유익한 줄을 깊이 생각하지 아니하는도다."
>
> – 요11: 50절

예수님의 죽음은 표면적으로는 정치적인 죽음이다. 빌라도가 예수님의 죄명을 '유대인의 왕'이라 하였으니까. 예수님의 죽음과 승천 후는 더 이상 정치적인 것이 없다. 그러나 말세에 그리스도의 심판대와 흰 보좌 심판과 천년왕국은 또다시 정치적인 부분이랄까? 통치가 있으니까.

국가의 도로를 어디에서 어디까지 건설할 것인가는 정

치적인 문제이다. 또 그것은 경제적인 이익의 범위를 결정한다. 경제인은 정치를 몰라도 되지만 정치인은 경제를 몰라서는 안 된다고 한다. 이러고 보면 정치가 경제보다는 한 수 위이기도 하다. 정치는 형이상학적이고 경제는 형이하학적이다. 정치라는 것, 통치를 나에게 적용하기는 버겁다. 나 자신을 제어하기가 보통 어려운 것이 아니잖는가? 그래서 창세기 1장에서 '다스림'이 등장했나 보다.

『정치의 몰락』 저자는 한국교회가 많은 단점에도 불구하고 여전히 힘을 잃지 않는 이유는 '생활 공동체의 힘'이라 한다. 생활 공동체의 힘도 좋지만 교회가 교회 본연의 사명에 충실하지 않는다면 교회는 이 세상에서 사라질 것이다. 그것이 수많은 제국의 명멸과는 차이가 있겠지만. 나는 가끔 교회가 교회로서 존재하는 것이 21세기의 우리에게 얼마나 버거운 것인가를 실감하기도 한다. 그러나 위로의 심지가 있으니 우리가 이 시대 속에서 여전히 존재하고 영향력을 행사할 수 있는 것은 전도의 미련함과 서로를 돌아봄과 성령에 사로잡힌 말씀이 아닐까?

약속

　민수기 30장에는 서원에 관한 내용이 나온다. 서원은 '자기 마음에 맹세하여 소원을 세우는 것'을 뜻하는 말이다. 그것은 쌍방적이라기보다는 일방적인 면이 강하다. 성경은 여자가 어렸을 때는 그의 아비에게서 허락을 받아야만 그 서원을 실행할 수 있고 또 결혼한 경우에는 남편의 허락이 있어야만 실행할 수 있다고 했다. 서원은 아무렇게나 할 수도 없을뿐더러 그것을 실행하는 것도 신중해야 한다. 그러나 한번 행한 서원은 꼭 지키라고 말씀하신다. 일방적인 서원은 구약적인 뉘앙스가 있고 쌍방의 약속은 신약적인 뉘앙스가 있다. 민수기 30장 말씀은 나실인이 아무나 되지 못했던 것처럼 서원도 역시 아무나 하지 못하도록 하신다. 그것은 사람을 보호하는 것이라고 생각된다.

지난 주간에는 『선교학 개론』이란 책을 읽었다. 언뜻 듣기엔 신학 서적 같다. 하지만 그건 아니고, 우리나라 초창기 장로교 선교사들의 선교 개척 이야기이다. 선교사들 한 사람 한 사람을 조명하면서 우리나라 교회들이 어떻게 자리 잡고 선교전략을 어떻게 세웠는지에 대한 내용이다. 씨를 뿌리고 열매를 맺는 과정들을 보면서 '이것이 선교다'라는 생각이 들었다. 아무것도 보이지 않았던 이 땅에서 그들이 이루어 낸 원동력은 전적인 헌신이었다. 그들은 그들의 젊음과 돈과 재능과 즐거움과 지식과 가정까지 드렸다. 심지어 이 땅에서 죽기까지 하였다. 그 결과는 21세기 지금에 존재하는 수많은 이 땅의 교회들이다.

어릴 때에 내가 살고 있던 군산 근처의 모든 교회는 장로교회뿐이었다. 그래서 나는 세상의 교회는 장로교회만 있는 줄 알았다. 군산은 신자의 수가 지역 인구에 비례한다. 그런 이유에서 군산은 전국에서 신도가 가장 많은 도시이기도 하다. 그 조그만 도시에 큰 교회들이 얼마나 많은지 모른다. 선교학 개론의 부제가 '평양에서 전주까지'이다. 처음 복음이 전파되었을 때에 미국의 남장로교에서 전략적으로 전라도 지방을 선교했었다. 그 당시에 전라도에 복음이 활발히 전파되고 있었다.

다른 마을들에는 교회가 없었다. 내가 살던 동네에만 교회가 있었다. 새벽부터 나갔던 여름성경학교의 추억은 우리 집이 그 교회 앞, 앞의 집이라는 데에 있다. 어릴 때의 교회는 어릴 때에 먹이는 인삼 녹용과 같은 것이 아닐까? 그 효과가 평생 간다고 하니까.

마포 삼열 목사는 자신에게 주어진 재물과 재능을 온전히 하나님을 위해 사용하였다. 그분의 회고 중에 이런 구절이 등장한다.

"나는 조선에 와서 복음을 전하기 시작하기 전에 황주에서 하나님 앞에 기도하고 결심한 바가 있었습니다. 나는 이 나라에서 십자가의 도 외에는 전하지 않기로, 오직 하나님의 그 뜻대로 죽든지 살든지 구원의 복음을 전하기로 굳세게 결심했습니다."

그는 1890년 1월 그의 나이 스물여섯에 이 땅에 와서 1936년 미국으로 돌아갈 때까지 47년간 이 땅에서 순교적 삶을 지속하였다. 마포 삼열 목사의 약속을 읽으면서 나는 또 다른 약속들이 생각났다.

수요예배에 꼭 나오는 형제님이 있다. 그분의 온 가족이 교회에 나오는 것은 아니다. 그렇다고 그분이 집사님도 아니다. 그는 수요일에 항상 그 자리에 같은 모습으로 앉아 있다. 내가 들은 얘기로 그는 수요예배에 절대 빠지지 않기로 하나님과 약속했다고 한다. 나는 그 이야기를 들은 후로는 그 형제님이 수요예배 시간에 항상 그 자리에 있을 것을 의심하지 않는다. 또 하나, 언젠가 청년 남자아이가 동창회에 나갔던 이야기를 해주었다. 술을 마시는 자리에서 술을 마시지 않았더니 친구들이 그 이유를 물어서 이렇게 말했다고 했다.

"나는 평생 술과 담배를 하지 않기로 하나님과 약속했다."

그랬더니 친구가 그의 어깨를 툭 치면서 "넌 정말 멋있는 놈이야!"라고 했단다. 나는 그 아이가 약속을 지킬 것을 의심하지 않는다. 이렇게 하나님 앞에서 하는 진심 어린 약속들은 구약의 서원들처럼 철저하게 지켜진다. 이것은 아무도 방해하지 못하는, 자원하는 기쁨의 약속들이다.

'성공이라는 갈증에 목말라하며 비교의식과 자괴감의

테두리 안에서 존재의 당위성을 구축하고, 선교를 명분으로 내세우지만 깊은 내면에는 자기 합리화에 급급해서 동분서주하는 자신을 물끄러미 보고 있었다’는 저자의 말이 나온다. 참으로 공감 가는 표현이다. 소외와 ‘외곽’이라는 것도 벗어야 할 장애가 아니라 복음 전파자가 기꺼이 반겨야 할 필요조건이라는 것도. 오히려 척박한 조건에서 복음은 여유롭고 충실하게 전파되고, 예수님 마음 아는 것 하나면 충분하며 나머지는 길 가면서 어차피 버리게 된다는 사실도.

옆구리의 가시, 올무

요즘 성경을 한 장 한 장 읽을 때마다 노트에 요약하면서 읽고 있다. 이스라엘이 가나안 땅에서 죄를 지을 수밖에 없었던 이유 하나를 나름대로 찾았다. 모세가 이스라엘 백성을 이끌고 요르단을 건너기 전에 르우벤 지파와 갓 지파, 므낫세 반 지파는 요르단 동편의 땅을 그들이 차지하겠다고 하였다. 그 이유는 그들 소유의 짐승이 많았기 때문에 목초지인 요르단 동편을 원했다. 그들의 많은 짐승으로 인하여 요르단 동편은 그들에게 매혹적인 땅이 될 수밖에 없었다.

이스라엘의 가나안 입성 후의 많은 범죄와 시련의 이유를 나는 이 두 지파 반에게서도 물어야 하지 않을까 싶다.

이스라엘은 여리고를 점령하고 가나안을 모두 다 정복했다. 하지만 하나님의 우려대로 그 땅에 많은 가나안인들을 남겨두었다. 그리고 그들을 물 긷는 자와 나무 패는 종들로 삼았다. 만약 모든 지파들이 요르단을 건넜더라면 좁은 영토 문제로 하여 다른 민족들을 모두 다 완벽하게 정복하지 않았을까? 그랬으면 그들과 서로 오가지도 아니하고 그들의 신들을 섬기지도 아니하였을 텐데. 그렇게 했다면 이스라엘의 역사가 어찌 되었을지 궁금하다. 이렇게 생각이 미치면 '아담이 선악과를 먹지 않았으면 어떻게 되었을까?'라는 이야기가 될지도 모른다.

요르단 동편을 차지하였던 두 지파 반은 마음고생도 많이 했다. 그들은 처자와 가축들을 남겨두고 요르단을 건넜다. 나머지 지파가 가나안 땅을 차지할 때까지 모든 남자가 무장하고 싸웠다. 그 후에 요르단 동편으로 돌아올 때 요르단 강변에 '엣'이라는 큰 단을 쌓았다. 그 단으로 말미암아 이스라엘 민족들 간에 싸움이 일어날 뻔하였다. 르우벤과 갓과 므낫세 지파들은 두 지파 반을 찾아온 이스라엘 지도자들에게 그 단을 쌓은 이유를 설명했다. 먼 훗날에 요르단 서편 이스라엘 자손들이 동편 이스라엘을 인정하지 않을까 봐 증거의 표로 쌓은 거라

는 해명이었다. 이것은 그들의 왠지 떳떳하지 못한 입장
과 조마조마한 노파심이 읽히는 대목이다. 자신들의 가
축과 푸른 초장, 아니 재산을 위한 유혹 때문에 했던 선
택이 모든 이스라엘의 옆구리의 가시와 올무가 되는 결
과를 가져왔다. 이렇게 단정 짓는 것은 좀 과한 느낌이
없지 않지만 말이다.

　오늘 아침에 옆구리의 가시와 올무를 만난 한 남자를
보았다. 사사기 14장에 나오는 삼손이다.

"그녀가 나를 매우 기쁘게 하니"　　　　　　　　- 3절
"그녀가 그를 매우 기쁘게 하니라"　　　　　　　- 7절,
"그의 아내가 이레 동안 그 앞에서 울며 그를 몹시 괴롭게 하
므로"　　　　　　　　　　　　　　　　　- 17절

　삼손의 아이 같은 마음이 읽혔다. 그런 삼손이 귀엽게
생각되었다. 여자에게 휘둘려 나실인의 본분을 지키지
못한 그가 안쓰럽다. 삼손은 다른 사사들과 달리 여자에
게 약했다. 그가 사랑하던 여자들은 그때 당시 이스라엘
의 대적이었던 블레셋 여자들이다. 블레셋 여자들에 대
한 그의 사랑은 철부지처럼 모든 것을 걸고 덤벼든다. 그

사랑이 오래가지도 않는다. 그는 딤낫에 있던 여자를 사랑했다. 가자에 있던 창녀와 함께하였다. 소렉 골짜기의 들릴라를 사랑했다. 들릴라는 블레셋 귀족들의 꼬임을 받아 삼손을 곤경에 빠뜨린다.

들릴라는 푸른 버드나무 가지 일곱 개로 삼손을 결박했다. 한 번도 쓰지 않은 줄로 삼손을 결박했다. 천으로 삼손의 머리털 일곱 타래를 엮었다. 삼손은 이렇게 세 번이나 당하면서도 어떻게 들릴라와 함께할 수 있었을까? 철부지 같은 남자의 전형을 보는 것 같다. 삼손은 들릴라가 짓누르고 재촉하는 것이 괴로워서 죽을 지경이 되었지만 그래도 들릴라를 떠나지 못하였다. 결국은 그의 비밀인 머리털을 밀게 하여 패하고 말았다. 감옥에서 맷돌을 돌리던 그는 어떤 생각으로 맷돌을 돌렸을까? 그는 마지막에 블레셋 사람들 앞에서 재주를 부려야 했다. 온 힘을 다하여 집을 지탱하던 기둥을 붙잡고 힘을 주자 집이 무너졌다. 삼천 명과 함께 그는 죽었다. 죽을 때에 죽인 자가 살았을 때 죽인 자보다 더 많았다. 그가 웅장하게 생을 마친 사실에 대해 안도의 숨을 쉰다.

오른손 엄지에 심한 상처가 났다. 피부과에서 손가락

을 마취하고 레이저로 살짝 치료했다. 갈 때마다 냉커피를 책상 위에 놓아두는 젊은 여의사는 나에게 손가락을 이 주 동안이나 물에 닿지 않게 하라고 한다. 물을 쓸 때마다 겹겹이 껴야 하는 장갑이 그렇게 번거로울 수가 없다. 아아, 이것이 나의 가시이고 올무이다.

상아

얼마 전에 신문에서 아프리카의 코끼리가 멸종 위기에 처해 있다는 기사를 보았다. 코끼리의 상아를 수집하는 중국의 부자들 때문에 희소 가치가 높아져 그것이 보석처럼 몸값이 올랐기 때문이란다. 상아는 코끼리의 위턱에 있는 송곳니가 엄니 모양으로 길게 자란 것이다. 상아를 아이보리라고 부른다. '아이보리'라는 그 이름 자체가 색깔을 나타내기도 한다. 아이보리는 고상하고 품위가 있어 귀족적인 색깔이다. 솔로몬도 상아로 그의 왕좌를 만든 것으로 보아 상아는 진귀한 물건인 것은 틀림이 없다. 그 상아가 아모스의 예언 가운데에서도 나타난다.

"그들은 상아 침상에 눕고 자기 잠자리에서 기지개를 켜며

양 떼에서 어린양과 외양간 한가운데서 송아지를 꺼내어 먹고 현악기 소리에 맞추어 노래를 부르며 다윗같이 자기를 위하여 악기를 창안하고 대접으로 포도주를 마시며 으뜸가는 기름으로 자기 몸을 바르면서도 요셉의 고통에 대하여는 근심하지 아니하는도다"   - 암 6:4-6

이것은 세상에 파묻혀 있다 보니 자신의 향락을 위해 모든 것을 쏟아붓지만 영적인 일에는 도통 관심이 없는 이스라엘 백성들을 책망하는 아모스의 메시지다. 요셉의 고통이란 요셉의 아들 에브라임 지파가 북쪽 이스라엘로 지칭되는데 북쪽 이스라엘의 참담한 영적 상태를 말한다. 북 이스라엘의 선지자 아모스가 고통을 느끼며 쏟아내는 말이다. 영적인 일에 둔감하면 또 일어나는 현상이 있다.

"너희가 말하기를, 월삭이 언제나 지나가서 우리가 곡식을 팔까? 안식일이 언제나 지나가서 우리가 에바를 작게 하고 세겔을 크게 하며 속임수로 저울을 틀리게 하고 밀을 내놓을까? 또 우리가 은으로 가난한 자를 사며 신 한 켤레로 궁핍한 자를 사고 참으로 밀 찌끼를 팔까? 하는 도다"   - 암 8:5-6

영적인 타락 속에 있는 백성들의 상태가 적나라하게

표현되어 있다. 사람의 마음은 비어 있을 수가 없고 무엇이든지 담겨야만 한다. 그것이 영적인 일이든 육신적인 일이든지 간에. 무엇에 관심을 두느냐가 무엇을 담느냐이다. 아모스는 BC 760년경의 사람인데 그가 하는 말은 오늘날의 나에게도 동일한 무게로 다가온다. 월삭이 언제나 지나갈까, 안식일이 언제나 지나갈까 하는 것은 월삭과 안식일을 부정하는 것은 아니다. 다만 이스라엘 백성에게 그것은 '해치워야 할 어떤 것'이다. 그들의 악행에 대한 면죄부일 뿐이다.

21세기의 예배도 이와 조금도 다르지 않다. 사람이 추구하는 것들도 결국은 자신의 행복을 소유하고 누리기 위한 것이라고 한다면 지나친 것일까? 심지어 예배마저도 자신을 위한 도구로 삼아버리는 것이 인간의 못된 습성인지도 모른다. 구원받은 후에 육신적인 습관 가운데 산다면 이스라엘 백성들처럼 파렴치한이 될 수도 있다. 하나님을 배제한 자신의 행복에 대한 집착이 이런 행동들을 가져온다. 상아 침상에 대한 집착은 영의 일을 추구하지 못하게 만든다. 이스라엘 사람들은 육체적인 편안함과 물질의 욕망 속에 갇혀서 하나님을 외면하였다. 하나님에 대한 예배는 이차적인 것으로 전락하였다.

아리스토텔레스는 행복의 조건은 '탁월함'이라고 하였
는데 하나님은 이 세대에서 탁월한 아니 순결한 사람을
찾으시리라. 수많은 선택의 기로에서 시편 말씀을 생각
한다.

"주 안에서 힘을 얻는 자는 복이 있나니 그의 마음 안에 그들
의 길들이 있나이다."   - 시 84:5

아세라와 작은 숲

킹 제임스 흠정역 성경을 읽다 보면 개역성경에서 읽었던 '아세라 상'을 계속적으로 '작은 숲'이라고 번역해 놓은 것에 의아함을 느낀다. 아세라는 보통 가나안의 삼대 여신인 아낫, 아스다롯, 아세라 중의 하나라고도 한다. 전에 개역 성경에서 '아세라 목상'이란 표현을 읽으면서 항상 어떤 주상의 이미지를 떠올렸다. 신학자들의 이런저런 주장을 읽어보다가 나 나름대로 아세라에 대한 것을 이해해 보려 한다.

"네가 너를 위해 만들 주 네 하나님의 제단 가까이에 너는 어떤 나무로든 너를 위해 작은 숲을 심지 말며 너를 위해 어떤 형상도 세우지 말라. 주 네 하나님께서 그것을 미워하시느니라."

- 신16:21-22/ 흠정역

"네 하나님 여호와를 위하여 쌓은 단 곁에 아무 나무로든지
아세라 상을 세우지 말며 자기를 위하여 주상을 세우지 말라.
네 하나님 여호와께서 미워하시느니라." 신 16:21~22/ 개역

개역 성경을 읽다 보면 계속 어떤 목상이나 형상으로
아세라 상을 이해하게 되고 킹 제임스 성경을 읽다 보면
'작은 숲'이란 단어에서 답답함을 느꼈다. 아세라는 바알
과 함께 가나안의 여신으로 숭배받고 있다고 하지만 어
떤 설명에는 우상 주변에 인위적으로 심겨진 나무들을
말한다고 한다. 열왕기상 15장 13절에는 아사의 어머니
마아가가 작은 숲에 한 우상을 만들었다고 하였다. 아세
라로 조성된 나무들은 신성한 나무로 여겨졌다. 아세라
는 우상이나 형상이 아닌 우상이 안치된 장소로서 우상
과 함께 신성시하게 되었다.

일본 작가 요네하라 마리의 글 속에 숲에 대한 이야기
가 나온다. 일본에는 지금도 많은 마을에 수호신을 모신
사당이 숲속에 있고 그곳을 사람들은 불가침 구역으로
여기며 숲 자체가 신의 영역으로 숭배된다고 한다. 유럽
선주민 켈트인의 말을 보면 '성소'라는 말과 '작은 숲'이
라는 말이 같다 한다. 동화에 숲과 요정이 빈번히 나오는

262

것이 아마도 그 흔적일지도 모른다고 요네하라 마리는 말한다.

아브라함은 브엘세바에서 에셀나무를 심고 영생하시는 하나님의 이름을 불렀다. 세월이 지나 가나안에서 성행하였고 끈질기게 이스라엘을 따라다녔던 아세라는 지금도 그 흔적을 찾을 수 있다. 우리나라 성당의 성모 마리아 상 곁에 꾸며진 작은 정원들이 생각난다. 가끔 성당에 다니는 사람의 집에 가면 집 안에 조그만 공간을 마련해 놓고 묵주나 성경을 모시듯이 놓고 있는 것을 보게 된다. 일본의 가정마다 있는 신성한 제단도 그렇다. 우리나라 불교 신자들의 불단도 그러하다. 사람들은 그 마음에 신의 존재를 인정하고 있다. 다만 정확하게 알지 못해서 자기들이 들은 대로, 자기들이 생각하는 대로 신을 섬긴다.

여호수아가 이스라엘 백성을 인도하여 가나안에 들어갔을 때 하나님으로부터 그곳 사람들을 모두 멸절시키라는 명령을 받았다. 가나안 땅에 있던 족속들은 그들이 엄청난 도덕적인 범죄를 해서 죽기도 했지만 주된 원인은 이방신을 섬겼기 때문에 죽었다. 왜 사랑의 하나님이 무자비하게 그들을 죽게 하였느냐고 사람들은 말한다. 하나님이 인간에게 주시는 근본 계명은 하나님을 사랑하고 사람을 사랑하라는 두 가지 계명이다. 하나님은 굳이 당신 자신을 '질투하시는 하나님'으로 말씀하신다.

숲은 아름답다. 나무도 아름답다. 그것이 단순한 아름다움인지 숭배 대상으로서의 아름다움인지는 그것을 조성한 사람만이 알 것이다. 로마 바울 성당 정원에 심어져 하늘 높이 치솟은 비할 데 없이 잘생긴 종려나무는 아름다움의 극치다. 그것은 보는 사람에 따라 아름다움과 숭배의 개념이 뒤바뀌지 않을까?

사막과 초원

　몽골 현지인 사역자의 목사 안수식이 있었다. 한 사람을 목사로 키워냈다는 것은 부단한 인내와 땀을 흘린 결과다. 우리 선교사님들에게 감사와 격려를 보내고 싶다. 내년에 또 다른 2호 목사님의 안수를 기다리는 흐뭇함과 기대가 솟아오른다.

　오 년 만에 간 몽골은 새로운 건물이 멋지게 올라가고, 사람들의 외양도 깨끗하였다. 이제는 자본주의의 영향을 받아 피할 수 없는 경기 침체와 환율 변동이 있는 나라로 되어가고 있다. 사람들의 생각도 스마트폰만큼이나 빠르게 우리와 다를 바 없이 좁혀지고 있다. 곳곳에 있는 카페문화도 너무나 똑같다. 바야흐로 세계는 아니 젊은이

들은 공통의 문화를 소유하고 있다. 불가항력적인 젊은 이들의 문화와 생각에 좌절하고 마는 이곳의 삶이 그곳에서도 일어나고 있다.

그곳에서든 이곳에서든 하나님의 사람이 일어나기를 간절히 기도하는 마음이다. 목사는 목사 안수를 받는 날이 가장 좋은 날이고, 그날 이후부터는 고생길이라는 속설(?)이 있다. 안수 받는 남편의 옆에서 울고 있는 어트거 사모를 보면서 짠한 마음이 들었다. 이제부터 우리는 동질의 운명이다.

이튿날부터 우리는 사막 투어에 나섰다. 건조하고 오래오래 해가 지지 않는 그곳에서는 저녁 아홉 시가 되어도 해가 중천에 있다. 몽골 남쪽에 있는 고비사막이 목적지다. 황토 빛깔의 모래만 연상이 되는 그곳으로 사륜구동 스타렉스를 타고 우리는 내달렸다. 그날만 750km를 달리고 장장 2,200km를 달리는 여정의 시작이다. 포장도로와 비포장도로가 교차되고 사막과 초원이 교차되고 야생과 문명이 교차되었다. 중간쯤에 있는 만달고비를 지나 더 남쪽으로 내려간 도시에서 과일 몇 알을 사고 우리는 숙소인 게르에 도착했다. 게르 호텔의 공통점은 침대는 깨끗하지만 쫄쫄거리는 물이다. 닿을 듯 가까운 별을 보지 못하는 아쉬움의 주범은 휘영청 밝은 보름달이다. 이삼 일은 달만 탓하다 아예 별을 포기하고 말았다.

남쪽 숙소에서부터 서쪽으로 가는 길은 왼쪽으로 세웨루 산맥을 끼고 가는 길이다. 풀 한 포기 나무 한 그루 없는 바위산은 며칠 동안 없어지지도 않고 끈질기게 따라다녔다. 그 산 너머로 조금만 가면 중국이다. 남쪽 도시에서 운전사는 지나가는 아주머니에게 '꾸냥'이라고 불렀다. 왜 중국어를 쓰냐고 했더니 중국이 가까워 그렇게 부르면 돌아본다고 하였다. 새까맣게 그을린 작은 소년이 물동이를 들고 물을 길러 가고 있고 나무판자를 이은 울타리 너머로 판잣집들이 가엾게 서 있다.

초원에서는 양을 만나고 염소를 만나고 낙타를 만나고 라헬처럼 우물에서 물 긷는 소녀도 만났다. 끝없이 펼쳐진 허브와 허브 냄새를 만났다. 그 허브는 태양빛을 받아 독하디 독한 냄새를 풍겼다. 몽골 소는 풀만 먹는다. 그럼에도 몽골 소고기 맛에서 왜 특유의 향이 나는지 그때 깨달았다. 몇 시간이고 달리는 사막은 바위와 모래투성이인 곳이 있고 작은 풀이 있는 곳이 있고, 쟈크라는 사막 나무가 있는 곳이 번갈아 교차되었다. 가고 가도 땡볕과 더위와 먼지가 날리는 길이다. 만약에 걸어간다면 레위기에 나오는 아사셀 염소가 될 것 같았다. 아사셀 염소는 죄를 대신 지고 가는 염소다. 그 염소를 아무도 없는 광야에 두고 사람만 돌아오게 되어 있다.

사막에선 저 멀리가 꼭 바다처럼 보였다. 갯벌이 있는 것처럼 보이고, 사람이 사는 마을이 있는 것처럼 보였다. 아지랑이 너머에 넓은 바다가 펼쳐져 있었는데 열심히 달려가면 아무것도 아니었다. 그런 바다와 물이 많았다. 인생도 어쩌면 이런 신기루를 쫓다가 허무해지는 일인지도 모른다. 아닌 줄을 알면서 가는 것과 그런 줄로 생각하고 가는 차이가 아닐까? 사막에서 먼지가 회오리가 되어 올라가는 것을 보았다. 예기치 않은 시각에 예기치 않은 장소에서 만나는 그것은 인생의 회오리다. 넓은 사막에서 그것은 아무것도 아닌 작은 것이다. 사막의 넓음과 인생의 긴 시간이 맞물려 생각이 되었다.

사막이 강한 인상으로 다가왔다. 그러나 다시 건너고 싶지는 않다. 황막한 곳을 누가 좋아하랴. 초원을 달릴 때는 마을을 기다렸다. 이 언덕을 넘으면 마을이 나타날까?

다시 이 언덕을 넘으면 마을이 나타날까? 가도 가도 마을이 나타나지 않았다. 사막은 사막대로, 초원은 초원대로 달려야 한다. 그래야 목적지에 도달할 수 있는 것처럼. 사정없이 흔들거리는 스타렉스 뒷자리에서도 아름다운 교제가 있다. 아하, 생에는 이런 기쁨도 있습니다.

기드온과 입다, 아들러와 프로이트

이스라엘 에브라임 족속은 야곱의 축복대로 강성한 족속이 되었다. 분열왕국 때에도 북쪽 이스라엘을 대표하는 세력으로 언급된다. 사사 시대에도 그들은 강성하였고 사사들과 시시비비를 가릴 정도의 세력을 가졌다. 사사기를 읽다가 마음속에 분노가 있는 자와 그렇지 않은 자의 차이를 알게 되었다. 그 구절은 나로 하여금 말 한마디의 위력에 대해서도 생각해보는 계기가 되었다.

사사기 8장에서 에브라임 족속은 기드온을 찾아와서 물었다. 왜 미디안과 싸울 때 자신들을 부르지 아니하였느냐고 말이다. 둘은 심하게 다투었다. 기드온은 그들에게 이렇게 물었다. "에브라임의 끝물 포도줍기가 아비에셀의 포도 수확보다 낫지 아니하냐? 하나님께서 미디안의 통치자 오렙과 스엡을 너희 손에 넘겨주셨으니 내가 할 수 있는 일이 너희가 행한 것과 비교가 되겠느냐?" 하고 물었다. 그 말을 듣고 에브라임의 분노가 풀렸다. 기드온은 사람들에게 들키지 않으려고 숨어서 타작을 하였다. 겁쟁이처럼 보이지만 하나님과 양털로 거래를 한 사람이다. 하나님이 자신을 부르셨다는 확신을 갖기 위하여 기드온은 하나님께 조건을 걸었다.

"보소서, 내가 양털 한 뭉치를 타작마당에 드리니 이슬이 양털에만 있고 그 옆의 온 땅은 마르면 주께서 이미 말씀하신 것 같이 주께서 내 손으로 이스라엘을 구원하실 줄 내가 알겠나이다."

- 삿 6:37

다음 날 기드온이 일찍 일어나 양털을 다 같이 눌러 양털에서 이슬을 짜매 물이 가득하였다고 하였다. 기드온은 양털로 한 번 더 시험을 한다. 이제는 양털만 마르고 온 땅에는 이슬이 있게 해달라고 한다. 그 밤에 하나님께서는 그대로 행하신다. 기드온은 겁쟁이보다는 신중한 사람으로 보는 것이 더 마땅한 듯하다. 또 분노에 찬 군중들을 말 한마디로 제압했으니 그의 여유로움과 현명함이 돋보인다.

입다는 창녀의 아들이었고 그가 장성한 다음에는 그의 형제들에게서 쫓겨났으며, 돕 땅에서 허영심 많은 사람들과 다녔다. 그 입다가 사사가 되어 암몬 왕과 대결하였다. 입다는 당당하고 확신에 찬 어조로 이스라엘의 역사를 이야기하면서 암몬 왕과 담판한다. 암몬 족속과 싸워서 이겼을 때도 에브라임 족속이 입다에게 와서 자신들을 싸움에서 배제시킨 것에 대해 분노했다. 입다는 그들에게 왜 부를 때에는 안 오고 이제 와서 싸우려 하냐며 에브라임 족속을 사만 이천 명이나 죽였다. 입다는 전쟁에 나갈 때 서원하였다. 자신이 승리하고 돌아올 때 자신의 문에서 나와 자신을 맞이하는 것을 번제로 드리겠다고 하였다. 그가 집에 돌아왔을 때 그의 외동딸이 작은 북을 잡고 춤추며 그를 맞이하였다. 그 결과 자신의 처녀 딸이 평생 홀로 지내게 하는 결과를 가져왔다.

여유롭고 차분한 기드온, 반면 자신의 감정을 다스리는 일에 서툰 입다. 둘의 차이는 내게 많은 생각을 하게 만든다. 두 사람의 차이는 훈련의 차이일까? 환경의 차이일까? 사람은 환경이 중요하다. 대부분의 사람들은 그 환경에 영향을 받는다. 환경을 뛰어넘는 사람은 드물다. 입다는 환경의 영향을 많이 받은 사람처럼 보인다. 하지만 기드온은 자신을 뛰어넘은 사람으로 비친다.

『미움 받을 용기』는 일 년 넘게 베스트셀러 자리를 차지하고 있다. 이 책은 아들러의 심리학을 쉽게 풀어 쓴 책이다. 우리는 여태껏 프로이트의 원인론에 입각해 인생을 원인과 결과로 구성된 하나의 큰 이야기로 보아왔다. 아들러는 원인론이 아닌 목적론적인 입장에서 인생을 이야기한다. 사실 원인론적인 입장에서 보면 사람은 평생 자신을 넘어서기 어렵다. 그 이론대로라면 지금의 나는 이런저런 이유로 이럴 수밖에 없다는 이야기가 된다. 그러나 아들러식으로 말하자면 사람은 어떤 것을 지향하는 대로 자신이 행동을 취하기 때문에 현재의 상황은 자신의 책임이라는 이야기가 된다. 그리스도인이라면 당연히 아들러의 목적론적인 삶이 옳지 않을까? 기드온과 입다와 에브라임을 보며 잠시 드는 생각이다.

의자

우리는 의자에 앉는다. 앉기 위함이 바로 의자의 '용도'이다. 의자에 얼마나 오래 앉아 있는가에 따라 그 사람의 성과가 나타난다.

조선시대엔 의자가 없었다. 그 시대에 살았던 정약용은 의자 없이 맨바닥에 앉았다. 그는 공부에 너무나 매진한 나머지 복숭아뼈에 세 번이나 구멍이 났다고 한다. 그런 일화도 있다. 어떤 사람의 의지와 열정은 의자와 함께한다. 카페에서도 조금 오래 있으려는 나는 딱딱한 나무 의자에는 앉지 않는다. 조금 더 폭신한 의자를 찾아 앉는다.

의자에 앉았던 사람으로 묘사된 인물이 있다. '제사장 엘리'라는 사사 시대 사람이다. 그는 성전 기둥 옆에 있던 의자에 앉았다가 우연히 사무엘의 어머니 한나를 발견한다. 그는 한나가 기도하는 모습을 술 취한 것으로 오해하고 만다. 이 부분을 읽으면 엘리가 왠지 뭔가 잘못하고 있다는 생각이 든다. 그는 공연히 의자에 앉은 것처럼 보인다.

그는 또 길가에 자기 의자를 가져다 놓는다. 거기에서 그는 전쟁 소식을 기다린다. 자기의 두 아들이 전사하고 하나님의 궤를 빼앗겼다는 소식을 들었을 때, 그는 의자에서 넘어져 목이 부러져 죽는다. 그가 넘어져 죽은 이유는 목이 부러졌기 때문이지만, 거기에 대한 부연 설명은 그가 노인이고 몸이 무거웠기 때문이라고 했다. 그는 구십팔 세까지 살았다. 어떻게 그 나이까지 몸이 무거울 수가 있을까? 이 사실은 엘리가 게으른 인물이라는 인상을 준다. 왕이 없던 시대에 백성의 지도자였던 그가 몸이 무거웠다는 사실은 곧 그가 일을 하지 않았다는 것을 말해 주고 있는 게 아닐까? 완벽하지 않았던 인간적인 한 명의 사사를 본다. 그는 사십 년 동안이나 이스라엘을 재판하였다. 나는 엘리를 떠올릴 때마다 항상 그가 의자에 앉아 있는 모습이 연상된다.

의자는 어떤 권위의 상징이기도 하다. 솔로몬은 상아

로 큰 왕좌를 만들고 가장 좋은 금으로 그것을 입혔다. 자리의 양쪽에는 팔걸이가 있었고, 그 옆에는 사자 두 마리가 서 있었다. 그리고 사자 열두 마리가 왕좌 여섯 계단 이쪽과 저쪽에 서 있었다. 이 세상에서 이것보다 더 훌륭한 의자는 없을 것이다. 세바의 여왕이 솔로몬을 찾아왔을 때 그녀는 솔로몬의 의자도 보았을 것이다. 그녀는 솔로몬이 누리는 영화榮華가 자신이 소문으로 들었던 얘기보다 더 크다는 사실을 깨닫는다.

아주 오래전 이야기다. 내가 첫아이를 가졌을 때, 임산부의 몸으로 버스를 탔다. 어떤 청년이 나를 보더니 자리에서 벌떡 일어나며 자리를 양보했다. 그곳은 강남의 반포였다. 그때 당시 내가 입었던 하늘색 옷 색깔까지 기억난다. 그 청년에게 미안했지만 감사했다. 그때만 해도 반사적으로 노약자에게 자리를 양보하는 것이 사회의 통념이었다. 지극히 당연한 일이지만 그 당연한 일을 하지 않으면 서로가 불편한 세상이다. 양보를 하는 것도, 양보받는 것도 때가 있다. 자리라는 것은 올라가면 언젠가는 내려오게 되어 있다. 권력의 자리가 그렇다. 명예의 자리가 그렇다. 이제는 내려와야 한다면 타의에 의해 내려지기 전에 스스로 내려놓는 것이 옳은 경우가 많다.

권위를 세우는 분은 하나님이다. 우리는 권위에 복종해야 한다고, 성경은 말한다. 어떤 자리에 앉는 것은 어떤 일을 하기 위함이다. 전도서 3장에서는 하늘 아래 모든 일에는 시기가 있고 모든 목적한 것에는 때가 있다는 구절이 등장한다. 어떤 자리에 있을 때, 어떤 의자에 앉아 있을 때 주어진 일을 해야 한다. 그리고 목적한 바를 이루어야 한다.

의자는 누구나 갖고 있다. 식탁 의자도 있고, 책상 의자도 있고, 빙글빙글 돌아가는 사장님 의자도 있다. 이 의자에 앉아서 무엇을 생각하고 무엇을 하느냐는 그 주인의 몫이다. 의자의 재료가 무엇인가는 중요하지 않다. 길가의 플라스틱 의자나 화장실의 앉은뱅이 의자나 가죽 의자나, 그것은 중요치 않다. 그곳에 앉은 사람이 무엇을 만들어내느냐가 중요하다. 솔로몬의 왕좌를 바라지는 않는다. 내가 앉은 의자에서 나는 무엇을 만들어 낼 수 있을까?

더불어 말씀

Part 6

더치 프레이, 더치 페이

식당이다. 김치 순두부찌개와 해물 순두부찌개가 눈앞에 놓였다. 서로 마주 보다가 남편이 입을 열었다.

"더치 프레이 합시다."

"네? 네에."

'각자 기도합시다.'라는 말은 많이 들었는데, 더치 프레이는 처음 들었다. 그 말이 너무나 우스워서 피식 웃었다.

결혼한 후로는 아침 먹을 때는 항상 남편이 기도하고, 점심은 내가 기도하고, 저녁은 돌아가며 기도하는 것이 불문율처럼 되어 있다. 그리고 외식을 할 때도 남편이 하고 이제는 아이들이 아무나 아무 때나 지정되면 기도한다. 그런데 가끔 격식이 무너지는 순간이 온다. 그 순간은 바로 부부 싸움 이후에 남편이 그 특권으로 "엄마가 기도해요."라고 할 때이다. 나를 펄펄 뛰게 만드는 순간이다. 그는 자기가 기도하던 것도 다투고 나면 항상 나에게 기도시킨다. 그럴 때 내 기분을 알까? 너무 억울하다. 어떻게 비겁하게 이럴 때 나에게 기도를 시키지?

"어이쿠, 하나님!"

볼멘소리로 기도할 때도 있다. 어떤 때에는 못하겠다고 버티기도 한다.

성경에는 창세기에서부터 기도가 나온다. 롯을 소돔에서 구출하기 위한 아브라함의 기도가 있다. 아브라함은 롯을 구하기 위해 이렇게 기도한다. 소돔 성에 의인이 있으면 구해 달라 한다. 오십 명에서부터 시작하여 열 명까지 내려가면서 자신의 의견을 타진한다. 메소포타미아에 있는 외삼촌에게 가면서 야곱이 벧엘에서 기도한다. 협상가답게 야곱은 자신이 무사히 고향인 가나안에 돌아오게 해주시면 십일조를 하겠다고 기도한다. 출애굽기에는 하나님과 대면했던 모세의 기도가 있다.

다윗의 절절한 시편 기도가 있다. 다윗의 기도는 이 세상 사람들의 모든 감정이 표현되어 있다. 돌보심을 간구하는 기도, 억울함을 토로하는 기도, 감사 찬양하는 기도, 통회 자복하는 기도가 있다. 열왕기상에는 성전을 봉헌하던 솔로몬의 웅장한 기도가 있다. 에스라서에는 무너진 예루살렘 성전을 재건하면서 민족의 죄를 자신의 죄로 짊어지고 나가는 에스라의 기도가 있다. 예루살렘 성벽을 재건했던 느헤미야의 기도는 치밀하다. 그는 하나님께 자신을 기억하사 복을 달라는 당당한 기도를 한다.

이사야, 예레미야, 에스겔, 소 선지서 선지자들의 기도가 있다. 목숨의 위협을 받으면서 창문을 열어놓고 하루 세 번 예루살렘을 향해 기도하던 다니엘의 기도가 있다. 다니엘의 기도는 시작되자마자 천사 가브리엘을 움직였다. 예수님의 새벽 기도, 겟세마네 기도와 십자가상의 기도, 바울의 기도, 베드로의 기도가 있다.

성경 속에는 개인 기도가 있고 합심 기도가 있다. 개인 기도는 성경 속에서 여러 번 언급되었다. 하지만 다수가 모여서 기도를 드리는, 기도 모임은 많이 언급되지는 않았다. 히스기야 왕과 요시야 왕이 주도해서 유월절을 지켰을 때가 대표적이다. 그런 모임은 전 국가적이었다. 느헤미야 8장에는 물문 앞 거리에서 일어난 기도를 이야기하고 있다. 말 그대로 워터게이트 부흥이다. 모든 백성은 율법의 말씀을 듣고 울었다. 신약시대에 있던 대표적인 모임은 예수님 승천 후에 성령을 기다리던 마가 다락방 기도이다.

　기도는 사람이 하나님께 말씀을 드리는 행위이다. 기도 내용은 주기도문이 가장 모범적인 샘플이다. 먼저 하나님께 영광을 돌리고 일용할 양식을 위하여 기도하고, 우리가 우리에게 빚진 모든 사람을 용서하니 우리의 죄들을 용서해 달라는 기도와 시험에 들지 말게 하옵시고 다만 악에서 건져 달라는 기도이다. 거기에 귀찮게 조르는 강청 기도도 있다. 이루어질 때까지 하는 기도 말이다. 기도는 하기 쉽기도 하지만 그 기도는 또 결코 쉬운 것이 아니다. 온 마음을 다해야 한다. 하지만 정신이 번쩍 들 정도의 사건이 없으면 또 나태해지기 쉬운 것이 기도이다. 이 진심 어린 기도는 성경 속에서 배우는 길밖에 없다.

　계산서를 집어 들며 남편이 말했다.
　"오늘은 내가 살게요."
　그럼요. 더치페이는 안 되죠. 더치 프레이는 괜찮아요. 합심 기도도 괜찮고.

부산 동백

부산 거리에는 붉은 겹동백이 피었다. 따뜻한 해풍으로 꽃이 만발했다. 그 동백은 카네이션을 닮았다. 나는 그런 꽃은 처음 보았다. 빛은 선홍색이었고, 꽃잎도 마치 핏방울처럼 뚝 떨어져 버린다. 마치 캄보디아의 쯤뻐이 꽃처럼. 동백섬은 홑동백, 흰동백, 분홍 동백으로 반짝이고 있었다. 그래도 내 눈에는 발그레한 홑동백만큼 예쁜 꽃은 없는 것 같다. 그 꽃은 한복을 입고 가르마를 정갈하게 탄 조선 여인 같은 꽃이다. 홑동백은 정말 매혹적이다. 그것은 결코 많은 것을 탐하지 않는 사람 같다. 화려하진 않지만, 화사하달까? 동백섬은 동백꽃 천지다.

부산에서 지인의 아버지를 찾아갔다. 그는 이제 나이

구십이 되었는데 한 번도 교회에 나간 적은 없다고 했다. 사람들은 그가 무서워서 전도도 제대로 못 했다. 우리는 그를 기습했다. 다짜고짜 꼭 뵙고 할 이야기가 있어서 왔다고 했다. 그는 감탄사가 많은 사람이었다. 그 모습을 보고 나마저 감탄했다. 이런 경우도 있구나, 해서 말이다.

"아드님이 아버님을 위해서 기도를 많이 했어요. 하늘나라에 어떻게 가는지 알려 드릴까요? 천국은 황금 길로 되어 있고 문은 열두 문인데, 진주 보석으로 꾸며 있대요."

"와아~"

"거기는 늙음이나, 아픔이나, 슬픔이나, 죽는 것도 없답니다."

"어찌 그럴까?"

"그곳에서 하나님이 아버님을 기다리고 계신답니다."

"어유~"

"죽음은 문을 열고 들어가는 것과 같답니다."

"그래요?"

"하나님이 어르신을 기다리신답니다."

"고맙구만."

"이 빨간색은 예수님의 피인데 우리 죄를 대신 씻겨 주시기 위해서 예수님이 죽었답니다."

"허허."

영접기도 할 때 옆에 있던 모친이 말씀하셨다.

"목사님 말씀하시는 것이 문을 똑똑 뚜드리는 기라."

또박또박 기도를 따라 하시자 모친이 큰 소리로 말했다.

"하나님~ 아멘, 할렐루야~ 할아버지 이제 천국에 들어가겠다."

그 모친은 오래전에 남편의 상담으로 구원을 받으셨다. 믿음을 가진 후로 열심히 교회를 나가셨다. 새벽 기도까지 하루도 빠지지 않고 다니셨다. 가끔 우리를 만나면 안 믿는 딸들 때문에 속상하다고 말씀하셨다. 하나님이 세상을 창조하시고 사람들을 구원하시려고 독생자를 보내셨는데 왜 그걸 믿지 못하는지 모르겠다고 하셨다. 부처님도 하나님이 태어나게 하지 않으셨냐고 하셨다. 이렇게 분명한 걸 왜 믿을 수 없느냐고 하셨다.

그분은 열렬한 불교 신자였다. 부산 근처 통도사에 열심히 다니셔서 꽤 유력한 신자가 되었다. 절에서 하는 모든 행사에 참여하고 많은 재력으로 기여한 분이다. 아들을 통해 예수님을 알게 된 후로 절에서 하던 모든 것을 끊으셨다. 믿음을 가지신 후에 가족 구원을 위해 정말 애를 태우던 분이다. 어느 날 교회를 열심히 다니다가 당신이 다니던 통도사에 한 번 갔다 오셨다고 했다. 깜짝 놀라는 우리에게 이렇게 말씀하셨다.

"부처님한테 인사드리러 갔심더. 나 이제 예수님 믿기로 했으니까 이제 여기는 그만 올랍니다. 부처님 죄송합니더. 안녕히 계시이소. 그라고 인사하고 왔심더."

나이가 많아서 믿음을 가지셨는데도 그 모친은 너무나 정확하게 진리를 이해하셨다. 하나님의 진리는 결코 어렵지 않다. 누구나 마음을 열고 들으면 이해할 수 있다. 심지어 글을 모른다 해도. 한 번만 진리에 전심을 다해 서게 된다면 누구나 믿을 수 있다. 붉게 타오르는 동백은 정열적이다. 그 모친이 활활 타오르는 부산 동백이었다.

생각

    오늘의 교회와 미래의 교회에 대해 생각해본다. 십 년 후의 교회는 과연 어떤 모습일까. 미국에 사는 친구가 한국교회에 대하여 잘못된 점을 이야기한 적 있었다. 그건 지적이었다. 그 애길 듣고 나는 나름대로 해명하느라 애를 썼다. 그 친구 말이 백번 맞았다. 하지만 인정하고 싶진 않았다. 내 마음은 무엇이 문제인지를 알고 있다. 뻔히 질 줄을 알면서 그렇게 될 수밖에 없는 당위성을 애써 이야기했다. 궁색하게도 말이다. 그렇다고 친구가 한 말이 모두 옳다고 말할 수는 없다. 친구는 여기 살지 않으니까 이해하지 못하는 것이 많을 것이다. 그럼에도 친구의 말이 지극히 객관적이라는 것을 알고 있었다. 하지만 자존심이 상했다.

우리는 드레스 코드나 음악, 예배 방식의 일부만을 두고 이야기했다.

그렇게 얘길 하다 보니, 냄비 근성을 가진 우리나라가, 아니 우리나라 그리스도인들의 행실이 보이는 것 같기도 했다. 가마솥같이 탄탄한 미국 교회가 부러웠다. 속이 상해서 마음속으로 중얼거렸다. '너도 이곳에서 목회해 보면 알 것이다.'라고 말이다.

하나님이 침례교회를 세우라고 하신 적은 없다. 천국에는 교파가 없을 것이고, 역사 속에서 개신교의 탄생은 정당하다고 말할 수 있다. 단지 우리는 침례교회가 맨 처음부터 있었던 교회라고 생각한다. 예수님도 침례를 받으셨으니까 그대로 하는 것뿐이다. 침례교도라는 명칭도 가톨릭에서 불렀으니까 우리는 개신교도가 아니다. 학자들 중에는 종교개혁 때에 침례교회도 태어났다고 하는데 그때 단지 핍박받던 침례교도가 밖으로 드러났다고 믿는다. 한국교회들은 큰 교회의 영향을 받아서인지 모든 교회들이 쌍둥이처럼 닮아가고 있다. 장로교회도, 감리교회도, 성결교회도, 침례교회도 모두가 예배 스타일과 음악과 말씀과 분위기가 비슷하다. 남들과 똑같지 않으면 배척

하는 우리들의 습성은 교회에서도 위력을 발휘한다.

『부족한 기독교』의 저자가 지적한 대로 우리는 심리학에, 마케팅에, 엔터테인먼트에 물들어서 무엇이 성경적인 것인지도 모르고 있다. 시대의 상황 윤리가 성경보다 더 큰 소리를 내고 있다. 컴퓨터와 핸드폰이 없으면 불안증에 시달리는 우리들이 하나님에 대해 얼마나 민감할 수 있을까? 제대로 색깔을 내지 않으면, 정확한 소리를 내지 않으면 글쎄 십 년 후에도 우리가 성경적인 교회라 말할 수 있을까? 이름만 남아 있을지도 모른다. 미국에서는 왜 교회가 교회다운 모습을 보이고 있는데 우리는 잘 되지 않을까? 역사가 짧아서? 냄비 근성이라서? 우리나라 사람들은 너무 이기적인가? 하나님에 대한 진지함의 결여는 아닐까? 하나님 말씀의 권위를 우리가 잃어버린 것은 아닐까?

전방의 군인은 경각에 달린 목숨의 위협으로 오로지 전투에만 전념한다. 반면 후방의 군인은 동료의 코 고는 소리에 더 신경을 쓴다고 한다. 우리는 어느 틈에 후방의 군인이 되어 있다. 하나님을 향한 믿음의 표시로 이름까지 개명한 우리나라 선조들에게 부끄러울 뿐이다. 여로보암은 자기 식대로 금송아지를 만들었다. 레위인이 아닌 자들로 제사장들을 세웠다. 여로보암에게 물질을 가져오면 제사장이 되었다. 여로보암은 자기 마음대로 절기를 만들었다. 여로보암의 행위들은 북쪽 이스라엘 백성들의 마음을 미혹하였다. 그것은 성경에 계속 '여로보암의 죄'로 불렸다. 그 모든 것들을 우리는 닮아가고 있다. 자기들의 편리함과 유익을 바라서 자기 식대로 믿음 생활을 하는 우리는 여로보암과 다를 바가 없다.

요즈음 기독교 TV엔 소위 스타 목사님이 많다. 믿음이 없는 우리 형부도 그 사람들의 설교는 열심히 듣는다. 형부의 말인즉슨 설교가 재미있다고 한다. 그 프로그램들은 나름대로 기독교의 전파에 공헌하는 바도 있다. 아쉬운 것은, 진지한 복음의 전파라면 얼마나 좋았겠는가, 하는 것이다. 그렇게 한다면 그만큼의 호응을 이끌어냈을까 싶다.

구약의 선지자들과 사도들은 사람들의 죄를 지적하고 하나님의 말씀과 그리스도를 통한 구원을 전하였다. 하나님의 공의와 사랑과 해결책을 말하였다. 환영받지 못하는 메시지다. 그러나 그것이 해결책이다. 성도의 80%

는 교회와 목사님의 존재 이유가 자신들을 돌보고 행복하게 해주어야 한다고 생각한다. 그리고 80%의 목사님들은 성도는 교회와 하나님을 위하여 일해야 한다고 생각한다. 이러한 아이러니도 없다. 내 입장에서 볼 때도 이 말은 누가 했는지 정확하게 간파한 말이다. 이런 이유 때문에 성도와 목사는 서로 상처를 받는다. 이런 사고방식도 어느 누가 정확하게 옳다고 할 수는 없다. 어느 누가 틀렸다고 말할 수도 없다. 우리는 피차 상대방이 나를 알아주기를 바라는 존재들이다.

말세에는 바른 교훈을 받지 아니하며 귀가 가려워서 자기 사욕을 좇을 스승을 많이 둔다고 했다. 이 세대에 우리 교회가 더 성경적인 모습으로 서는 것이 하나님께 쓰임 받는 길이다. 나는 교파 이야기를 하고 싶은 것이 아니다. 단지 하나님이 원하는 교회가 무엇일까를 생각해보는 것이다. 여로보암의 길을 좇아가는 우리의 죄성을 차단해보고 싶은 것이다. 사랑하는 사람을 기쁘게 해주고 싶은 욕망이 누구에게나 있을진대 나도 하나님의 마음에 합한 자이고 싶다. 우리 교회가 그렇게 되기를 바라고, 그렇게 될 것이란 확신 속에서 나의 떠돌아다니는 생각들을 모아본다.

교회 절기와 명절

부활절마다 굳이 하얀 옷을 입으려는 사람들이 있다. 임 할머니는 하얀 한복을 입는다. 그것은 부활 아침에 무덤 속에 있던 천사들이 흰옷을 입었기 때문일 것이다. 그러한 개념도 없이 오히려 화사한 옷을 입으려는 나는 너무나 세속적인지도 모르겠다. 부활절과 크리스마스와 추수감사절을 왜 지내느냐고 이의를 제기하는 사람들이 있다. 성경에 없는데 왜 지내느냐고 한다. 구약의 레위기에는 대표적인 일곱 절기가 명시되어 있다. 유월절, 무교절, 초실절, 오순절, 나팔절, 속죄일, 장막절인데 이 명절은 이스라엘 민족이 꼭 지켜야 하는 절기이다. 신명기 16장 16절에는 이런 말씀이 있다.

"네 모든 남자는 한 해에 세 번, 곧 무교절과 칠칠절과 장막절에 주 네 하나님께서 택하실 곳에서 그분 앞에 보이되 주 앞에 빈손으로 보이지 말고"

이 세 절기에는 이스라엘의 모든 남자들이 그들의 고향을 떠나 하나님이 택하신 곳에 가야 했다. 이스라엘 사람들은 그들의 가족과 고향을 떠나 예루살렘으로 올라갔다. 구약 시편의 어느 구절엔 '위로 올라가는 노래'라는 표제어가 붙어 있다. 이것은 이스라엘 남자들이 고향에 남겨둔 것들을 지켜주기를 바라는 마음으로 노래한 시편들이다. 특히 시편 121편은 읽을 때마다 마음이 흡족하고 좋다.

"내가 산들을 향하여 눈을 들리니 나의 도움이 거기서 오는도다. 나의 도움이 하늘과 땅을 만드신 주로부터 오는도다. 그분께서 네 발이 흔들리지 아니하게 하시며 너를 지키시는 이가 졸지 아니하시리로다. 보라, 이스라엘을 지키시는 이는 졸지도 아니하시고 주무시지도 아니하시리로다. 주께서 너의 나가고 들어오는 것을 지금부터 영원토록 보존하시리로다."

이스라엘 남자들은 이런 노래를 부르며 예루살렘을 향

하여 나아갔다. 예수님이 열두 살에 예루살렘에 유월절
을 지키러 간 이야기가 누가복음 2장에 나온다. 예수님
의 십자가 사건이 있기 전에는 아직도 구약이다. 누가복
음 16장 16절에 '율법과 대언자들은 요한까지요'라는 예
수님의 말씀이 있다.

오랜 역사가 흐른 뒤에 이스라엘 민족이 지켜야 하는
일곱 절기 외에 대표적인 두 개의 절기가 이스라엘 민족들
에게 추가된다. 그것은 부림절과 수전절성전 봉헌절이다.
이 두 절기는 이스라엘 민족이 큰 수렁에서 건짐 받은 것
을 기념하는 절기이다. 부림절은 페르시아 제국 시대에
에스더가 모르드개와 함께 하만의 계략에서 민족을 구원
한 사건을 기념하는 명절이다. 부림절은 '부르'라는 말에
서 유래되었다. '부르'는 제비라는 말이다. 이스라엘 민
족을 말살하는 날을 제비뽑기로 결정한 데서 부림이라는
말이 생겨났다.

수전절은 시리아의 에피파네스 안티오쿠스가 성전 번
제단 자리에 제우스 동상을 세워 성전을 더럽히자 유
다 마카비가 군사를 일으켜 성전을 탈환하고 청소한 후
에 성전에 불을 밝힌 것을 기념하는 것이다. 예수님이 수

전절에 예루살렘 성전에 있으셨다는 이야기가 요한복음 10장 22절과 23절에 나온다.

현재의 수전절, 즉 '하누카'라는 절기는 양력 12월 초에 시작하여서 불을 밝힌다. 이 절기는 8일 동안 지내는데 언뜻 유대인들이 크리스마스를 지내는 것으로 오해받기도 한다.

명절엔 마음이 묘하게 들뜨고 설레기 마련이다. 우리나라 추석과 설날도 마음을 보름 정도는 들뜨게 만든다. 현재 이스라엘 민족은 부림절과 하누카를 지키면서 그들만의 정체성을 가진다. 현대 그리스도인들은 부활절과 크리스마스와 추수감사절을 지킨다. 그것들이 사회적으로, 정신적으로 큰 영향을 끼치는 것을 부인할 수 없다. 오죽하면 북 이스라엘 왕국 여로보암 왕이 8월 15일을 그들의 명절을 삼아서 '여로보암의 죄'에 명목을 하나 더 추가했을까.

크리스마스는 로마의 태양신 숭배에서부터 기인했다고 하고, 초대교회에서 부활절을 지켰다는 기록도 없다. 추수감사절은 청교도들이 미국에 가서 추수한 것을 기념하여 드렸으니 가장 역사가 짧다. 순수한 미국 사람들의 명절이다. 거기에 우리나라에서는 영적인 의미를 부여해서 감사의 의미로 드리고 있다. 나는 크리스마스에 교회에서 먹은 빵 때문에 교회에 다니기 시작하였다. 교회에서 절기를 지키든 안 지키든 그것은 개교회의 소관이다. 교회의 절기를 지키는 것과 안 지키는 것은 '닭이냐 알이냐' 같은 물음이 아닐까? 한 사람이라도 하나님을 알 수 있다면 그것만으로 절기의 의미는 다하는 것이 아닌가? 교회에 가는 사람이 다시 새로운 용기와 믿음을 가진다면 절기는 의미가 있다.

카멜레온과 베냐민

얼마 전에 화원에 갔다가 채송화 같은 꽃이 있길래 얼른 집에 갖다 놓았다. 밝은 꽃분홍색이다. 영락없이 채송화다. 채송화는 짧은 선으로 된 잎을 가지고 있지만 카멜레온은 잎이 동글동글하다. 동물 카멜레온은 주위의 환경에 따라 보호색을 만들어 자신을 보호한다는데 꽃은 오히려 현란하기만 하다. 꽃잎이 너무 얇아서인지 만지기도 조심스럽다.

여름날 화단가엔 채송화가 피어난다. 빨강, 노랑, 분홍, 주황, 하양으로 피는 채송화는 그렇게 정겨울 수가 없다. 만약 내가 마당을 갖게 된다면 꼭 심고 싶은 꽃은 채송화다. 봉숭아도 좀 심고, 저녁나절에 나팔 불듯이 피어나는 분

꽃도 심고, 그 뒤에 족두리 꽃도 심고 오만 가지 색을 지닌 백일홍도 심을 것이다. 그러고 보니 이것들은 내가 어릴 적 우리 집 뒤뜰과 마당에서 보았던 것들이다.

거실에 가져다 놓은 카멜레온은 이름처럼 변덕스럽다. 비가 오거나 흐린 날이면 좀체 그 색깔을 보여주지 않는다. 해가 화창한 날에는 눈부시게 빛나던 그것들이 요즘엔 선명한 색깔을 보여주지 않는다. 해가 없어서 그런 모양이다. 카멜레온은 선인장과의 다육식물이라는데, 마치 토닥거려줘야 하는 막둥이 같다. 화원 주인은 기르는 데 신경 쓸 필요가 없다고 했는데, 나는 꽃이 안 보이면 신경이 쓰인다. 야곱이 항상 막둥이 베냐민에게 신경을 썼는데 그것을 생각하니 카멜레온이 마치 베냐민처럼 생각되기도 한다.

창세기 49장의 야곱의 예언 가운데에는 베냐민이 이리같이 먹이를 강탈하고 아침에는 탈취한 것을 먹고 저녁에는 노략한 것을 나누리라고 했다. 야곱의 막내아들인 베냐민은 채색옷을 입었던 요셉처럼 야곱의 맹목적인 보호 아래에서 살았다. 요셉을 어느 날 갑자기 잃어버린 야곱은 베냐민을 항상 품에 끼고 살았다. 행여 위험이 그에게 닥칠까 봐 어떤 경우에도 밖으로 내놓지 않았다. 그래서 양식을 구하러 이집트에 가야만 했던 형들을 곤란하게 만들었다. 그렇게 자란 막내의 성격 때문인지는 몰라도 베냐민 지파는 나중에 과격한 성격으로 쓸데없는 싸움에 말려들기도 한다. 사사기에서 보면 베냐민은 몇몇 비류의 범죄함으로 인해 같은 이스라엘 족속과 싸우고는 인구가 확연히 줄어들게 된다.

자기의 잘못을 인정하고 용서를 구하면 될 것을 형들에게 대들다가 두드려맞는 막내처럼 그들은 사사기 후반부를 큰 사건으로 장식하게 된다. 레위 사람의 첩을 강간한 사건 때문에 베냐민 지파와 이스라엘 민족의 싸움이 시작되었다. 그 싸움으로 베냐민 지파는 600명의 남자가 남게 되었다. 이스라엘 지파들은 400명의 남자에게 야베스 길르앗 처녀 400명을 얻어주었다. 남은 200명은 실로의 딸들을 얻게 하였다. 명절에 실로에서 춤추러 나왔던 처녀들은 베냐민 남자들에 의해 붙들려갔다. 성경에 나오는 최초의 보쌈 사건이다.

베냐민 지파는 그들의 괄괄한 면 못지않게 큰일들을 이스라엘 중에서 행하고 나타낸다. 이스라엘 초대 왕 사울이 그 지파에서 나오고 민족의 멸절 위기 가운데에서 부림절을 만들어냈던 에스더와 모르드개가 나온다. 사도 바울이 또 그 지파다. 가장 특이한 사실은 통일왕국이 갈라질 때 유다 지파 쪽에 섰던 지파가 베냐민 지파이다. 북쪽의 열 지파와 대결해야만 했던 유다로서는 베냐민 지파가 천군만마처럼 든든하지 않았을까?

베냐민 지파는 왜 유다와 함께했을까? 내 생각엔 다윗과 요나단에 대한 특별한 사랑 때문이 아니었을까 싶다. 활 노래까지 지었던 다윗이 그들을 사랑했기 때문이었을까? 자신들의 지파가 왕족이었다는 동질감 때문이었을까? 베냐민이 유다 지파와 함께했던 이유는 이 길이 아니면 안 간다는 화끈한 성격 때문인 것 같다. 사실 사울이나 모르드개나 바울을 보건대 과격했다. 그들 앞에는 중단 없는 전진만 있을 뿐이다.

사울은 왕으로서 선이 굵은 삶을 살았고 모르드개는 이방 왕국에서 꿋꿋한 민족성과 믿음을 나타내었다. 에스더는 죽으면 죽으리라는 고백을 하였고, 바울은 그의 확고한 믿음에 따라 그리스도인들을 죽이는 데까지 동참하고 핍박했다. 주를 만난 후로 그는 모든 성품과 마음과 힘을 다하여 주를 섬겼다. 베냐민 지파들은 흑이 아니면 백이다. 확실한 것이면 확실하게 움켜쥐었다. 야곱의 예언대로 탈취물을 먹고 노략한 것을 나눠먹는 이리처럼 말이다. 베냐민은 막내였지만 아주 기특한 막내이다. 꽃분홍색 카멜레온처럼 강렬하다.

책 그리고 성경책

내가 평소 좋아하던 작가가 책을 냈다. 그 책을 읽었다. 저자인 그 사람은 옛 문헌에 관한 책을 많이 내곤 했다. 이번 책에서도 역시나 그랬다. 구수한 이야기를 많이 수록해서 흥미가 가는 책이었다. 이것은 그 책에 실린 어느 이야기다.

어떤 사람이 책을 읽다가 반도 못 보고 땅에 던지며 말했다.

"책만 덮으면 바로 잊어버리는데 본들 무슨 소용이 있겠는가?"

현곡 조위한이 말하였다.

"사람이 밥을 먹어도 배 속에 계속 머물려 둘 수는 없다네. 하지만 정채로운 기운은 능히 신체를 윤택하게 하지 않는가? 책을 읽어 비록 잊는다고 해도 절로 진보하는 보람이 있을 것일세.”

　백번 옳은 말이다. 어제 들은 설교도 깜박깜박하니 기억력에 대해서는 나도 타의 추종을 불허한다. 하지만 성경을 읽을 때마다 새로운 것들을 발견하니 공부에 대한 둔함을 탓해야 하나 발견의 기쁨을 앞세워야 하나? 사무엘상 29장에서 다윗은 블레셋 왕 아기스와 함께 이스라엘을 치러 가다가 귀족들의 반대에 의해 싸우러 가는 길에 되돌려진다. 다윗은 사울을 피해 블레셋에 머무는 중이다. 다윗을 신임하던 블레셋 왕은 다윗을 이스라엘과의 전쟁에 데리고 간다. 블레셋 귀족들은 다윗이 싸움터에서 그들의 머리로 사울과 화해를 할까 봐 염려하였다. 블레셋 왕이 신뢰했음에도 불구하고 귀족들은 다윗과 함께 가기를 꺼렸다. 블레셋 귀족들이 그렇게까지 한 이유를 이번에 발견하였다. 사무엘상 14장에는 사울이 블레셋과의 전쟁에서 크게 이기는 장면이 나온다.

　“또한 그때 전에 블레셋 사람들과 함께하던 히브리 사람들,
　즉 사방의 지역에서 저들과 함께 올라와서 진영에 들어온 자

들 곧 그들도 돌이켜서 사울과 요나단과 함께한 이스라엘 사
람들과 함께하고"

블레셋 진영에 속해 있던 이스라엘 사람들이 전쟁 때
에 돌이켜서 블레셋의 대적이 되었던 경험이 그들에게 있
었다. 이 부분에 대한 쓰라린 기억을 그들은 잊지 않았다.
그들은 다윗과 함께 가는 것을 원하지 않았다. 전장에서
되돌려진 다윗은 그의 거처이던 시글락이 아말렉에게 침
략당한 것을 보았다. 시글락을 다시 구한 다윗을 보며 모
든 것은 하나님의 섭리 가운데 이루어진다는 생각이 들
었다. 그때 다윗이 돌려지지 않았다면 다윗이 다시 재기
하는 데에 큰 어려움이 있었을 터이다. 블레셋 귀족들이
행한 일도 나름대로 이해가 되어서 기뻤다. 나만 그렇게
늦게 알았는지도 모르겠지만 말이다.

밥은 입을 거쳐 뒤로 나오기 마련이다. 예수님도 이런
말씀을 하셨다. 마가복음 7장에 나오는 말씀이다. 무엇
이든지 밖에서 사람 속으로 들어가는 것이 능히 사람을
더럽게 하지 못하고 그것은 그의 마음속이 아니라 배 속
으로 들어가 모든 음식을 깨끗하게 하고 뒤로 나간다고
하셨다. 밥 먹은 효과는 피부의 윤택으로 드러나고 책 읽

은 보람은 교양으로 나타난다. 겨울날 방 한쪽에 둔 콩나물시루에는 오로지 물밖에는 줄 것이 없다. 시루 밑으로 그대로 빠져 버리는 물을 보면 과연 콩나물이 물을 제대로 먹고 자랄 수 있을까, 하는 의구심이 든다. 하지만 며칠만 지나면 콩나물은 밥상에 귀한 보배로 올라오고야 만다. 오늘 아침 사무엘하를 읽다가 요나단의 아들 므비보셋에게 아들이 있었다는 것을 처음 보았다. 왜 이것이 이제야 보이는 걸까. 성경은 참으로 무궁무진하다.

요압과 잘생긴 남자들

다윗만큼 극한의 범죄와 극한의 회개와 극한의 고통을 당한 사람도 드물다. 그럼에도 불구하고 그는 우리에게 영광스럽고 위대한 자로 비치고 있다. 다윗 집안에 있던 불행의 씨앗은 그가 밧세바를 범한 것으로부터 시작이 된다. 그로부터 암논과 다말의 강간 사건, 압살롬이 암논을 죽인 사건, 압살롬의 반역으로 이어진 가정 비극이 꼬리에 꼬리를 물고 일어난다. 스루야는 다윗의 누이인데 그 아들인 요압은 다윗에게 충성을 바쳤지만 다윗의 마지막까지 그는 다윗에게 버거운 사람이었다. 다윗은 가끔 '스루야의 아들들아 내가 너희와 무슨 상관이 있느냐?'고 하였다.

요압은 밧세바와 그녀의 남편인 헷 사람 우리야의 사건에 연루되어 다윗의 비굴한 바닥을 본 사람이다. 다윗은 밧세바를 범한 뒤에 요압에게 우리야를 전장에서 집으로 보내라고 명령한다. 다윗에게 온 우리야는 전쟁 중이므로 집에 들어가지도 않았다. 우리야는 왕의 집 문에서 종들과 함께 잤다. 집으로 들어가라고 종용하는 다윗에게 우리야는 이렇게 말한다.

"궤와 이스라엘과 유다가 장막에서 머물고 또 내 주 요압과 내 주의 종들이 빈 들에서 진을 치고 있거늘 내가 내 집으로 가서 먹고 마시고 내 아내와 함께 누우리이까? 왕께서 살아 계심과 왕의 혼이 살아 있음을 두고 맹세하거니와 내가 이 일을 행하지 아니하겠나이다"

다윗이 그를 불러서 취하게 하였지만 그는 끝내 그의 집에 내려가지 아니하였다. 충성스러운 우리야는 이 일로 인하여 죽음을 맞는다.

다윗은 요압에게 우리야를 죽이라는 편지를 우리야의 손에 들려 보내 전장의 최전선에서 죽게 하라는 명령을 한다. 나는 이 기간 동안에 요압이 다윗을 얼마나 업신여겼을 것인가를 생각하게 되었다. 누군가가 나를 인격적으로 업신여긴다는 것을 안다면 그것만큼 견디기 어려운 일도 없다. 다윗은 평생 요압의 도움을 받았지만 요압으로부터 자유하지 못하였다. 다윗이 잠깐 또 한 번의 잘못으로 이스라엘의 인구조사를 하게 되었을 때 요압이 만류한다. 요압은 다윗을 미워하여 제대로 인구조사를 하지도 않았고, 이것은 이스라엘 백성이 칠만 명이나 죽는 재앙이 되고 만다. 이 요압은 다윗 집안의 모든 남자들과 연관을 갖고 있다.

다윗이 가진 또 하나의 흠을 열왕기상 1장을 읽다가 발견하게 되었다. 다윗의 말년에 그 아들 아도니야가 왕이 되기 위한 모반을 한다. 요압은 아도니야를 따른 사건으로 인해 솔로몬의 군대장관 브나야에게 죽임을 당한다. 아도니야는 압살롬 다음으로 난 자이며 체용이 준수하고 잘생긴 사람이라고 했다. 그 부친이 "어찌하여 네가 그리하였느냐?" 하는 말로 한 번도 그를 섭섭하게 하지 아니하였다고 하였다. 아도니야는 한 번도 아버지로부터 책망을 받지 아니하였다는 말이 된다. 왜 그랬을까? 압살롬의 죽음에 너무나 상심하였던 아버지의 마음이 그를 그렇게 너그럽게 대하였을까? 아니면 너무나 잘생겨서 볼 때마다 흐뭇하였을까? 그래서 모든 것이 용서되었나?

압살롬이 암논을 죽였을 때도 다윗은 그를 벌하지 아니하였고 혼내지도 아니하였다. 외할아버지 집에 피신하였던 그가 예루살렘에 돌아왔을 때도 다만 얼굴만 보지 아니하였다. 압살롬이 반역을 하고 난 뒤에 죽었을 때는 너무나 슬퍼하여 요압에게 면책을 받기도 했다. 다윗은 왜 압살롬에게 그렇게 관대하였을까? 정수리부터 발끝까지 흠이 없었던 압살롬, 이스라엘에서 최고로 잘생겼었던 압살롬을 흡족해하였을까? 아니면 살인과 간음을 저질렀었던 자신을 돌아보며 차마 아들들의 죄를 책망하지 못했는지도 모르겠다.

다윗 자신도 잘생긴 사람이었다. 혈색이 좋고 아름다운 용모를 가졌으며 보기에 잘생겼다고 성경은 표현한다. 삼상 16:12 다 그런 것은 아니지만 잘생긴 남자는 인생의 굴곡도 많다. 잘생긴 남자는 보기에 좋다. 영화나 드라마 주인공은 모두가 잘생겼다. 잘생긴 남자는 마음이 끌린다. 거기에 인격적으로 훌륭하고 믿음도 좋다면 더 말할 필요가 없다. 내가 생각하는 잘생긴 남자는 영화 '애수'에 나오는 로버트 테일러 정도이다.

꽃게

월요일에 시장에서 장을 봤다. 물건을 고르던 중, 꽃게에 시선이 갔다. 커다랗고 튼실해 보였다. 가격도 제대로 확인하지 않고 덥석 사 버렸다. 큰딸 때문이었다. 큰딸은 꽃게를 무척이나 좋아한다. 하지만 나는 집에 와서야 알았다. 까만 봉지 속에 들어있는 꽃게를 확인하니, 아니 글쎄 싱싱하게 기어 다녀야 할 꽃게가 힘없이 나자빠져 있는 게 아닌가. 하얀 배를 내놓고 다리도 떨어진 채로 벌러덩 누워 있었다. 그제야 가게 주인아저씨가 떠올랐다. 유난히 친절하다 싶더니 어리버리한 나를 속이고 어떻게 이럴 수가 있을까? 속으로 쾌재를 불렀을 꽃게 장사꾼을 생각하니 기가 막혀 말도 안 나왔다. 아니, 내가 얼마나 바쁜 시간을 쪼개서 그곳에 갔는데, 나를 이렇게 속이

다니. 이럴 때는 그냥 포기하고 마는 나였는데, 그날은 아니었다. 수족관의 꽃게가 자꾸 떠오르고 분했다. 그냥 넘어갈 수가 없었다.

남편과 다시 함께 그곳에 갔다. 운전을 하던 남편이 말했다.

"여보, 내가 선글라스 끼고 당신하고 같이 갈까?"

피식 웃음이 나서 내가 말했다.

"안 돼요. 내 남편이 그런 일에 관여하는 거 싫어요. 결과가 어떻든 나 혼자 해결해요."

용감무쌍하게 가게로 내달렸다. 나를 알아본 아저씨가 말했다.

"꽃게는 맛있게 먹었습니까?"

"아저씨 꽃게를 파실 때는 산 것을 파시죠?"

내 말을 들은 아저씨는 얼른 넓적한 바구니에 산 꽃게를 담았다. 꽃게가 든 검은 봉지를 내밀며 내가 말했다.

"아저씨, 돈으로 주세요. 꽃게 필요 없어요. 이렇게 장사를 하시면 안 되죠."

돈을 받으며 퍼뜩 주위를 둘러보니 사람들이 우리를 보고 있었다.

생전 처음 나는 그렇게 못된 여자가 되어 있었다. 그래도 이 정도의 일은 너끈히 하는 나를 보며 이것이 나이의 힘인가 하는 생각도 들었다. 세상에 두려울 것 없는 아줌마의 넉살인가 싶기도 했다. 몇 년 전에 소래포구에서 꽃게를 샀다. 삼만 원어치 꽃게를 샀는데 나는 분명 등이 까맣고 단단하고 커다란 꽃게를 샀다. 집게발에 물릴까 봐 조심조심하면서 그것을 샀다. 그것을 받아 든 지인이 나중에 말했다.

"그때 그 꽃게는 집에 가서 보니까 죽어 있고 어떤 것은 냄새가 나서 그냥 버렸어요. 버리는 것도 힘들었어요."

그때 다시는 큰 시장에서 꽃게를 사지 않겠다고 결심했다. 벌써 그것을 잊어버리고 이런 일을 당했다. 그렇게 다른 시장을 찾아 부러 먼 곳에 있는 시장으로 갈 수밖에 없었다.

정직하면 될 터인데 왜 정직하지 못할까? 눈앞의 이익에 눈이 멀어서 그런 것이리라. 당장의 이익만을 취하려고 다른 사람을 속인다. 그것이 어떤 결과를 가져올지는 생각하지 않는다. 유대인은 사업을 할 때 손해가 나도 약속은 꼭 지킨다고 한다. 정직을 최고의 모토로 삼는다고 한다. 그런 자세가 부러웠다. 보이는 것에 대한 정직함도

중요하다. 하지만 생각해보니 나 자신 스스로에게 정직
하게 대하는 것이 더 어려운 것이라는 생각이 든다. 질척
한 수산시장을 조심스럽게 걸어 나오며 딱 한 말씀 생각
이 났다.

"이자놀이와 불의한 이익으로 자기 재물을 늘리는 자는 가난
한 자를 불쌍히 여길 자를 위하여 그것을 모으리로다"

- 잠 28:8

야곱의 딸

야곱의 딸은 몇 명이었을까? 그의 아들은 열둘이었는
데 딸은 디나 하나만 언급된다. 하지만 야곱의 딸이 디나
하나만 있으리라고는 생각하지 않는다. 다산이 축복의
척도이기도 하였던 고대에 아내가 넷인데 그렇게 자식이
조금일 리가 없다는 추측 때문이다. 흠정역 성경으로 읽
다가 창세기 37장 35절에서 무릎을 쳤다.

"그의 모든 아들들과 모든 딸들이 일어나 그를 위로하였으
나 그가 위로받기를 거절하고 이르되 내가 애곡하며 무덤에
내려가 내 아들에게로 가리라, 하고 그의 아버지가 이같이 그
를 위하여 울었더라."

요셉의 피 묻은 옷을 보고 야곱이 여러 날을 애곡하였다. 그때 그의 모든 아들들과 딸들이 일어나 그를 위로하였다고 하였다. 개역성경에도 '자녀들'이라고 적혀 있었는데 그것을 읽으면서도 아들들만 생각하였다.

야곱과 레아의 딸 디나는 그 땅의 여자들을 보러 갔다가 히위 족속 하몰의 아들 세겜에게 강간을 당한다. 그 소식을 듣고도 야곱은 잠잠하였다. 그는 자신의 맏아들 르우벤이 자신의 첩 빌하와 잠자리를 가졌을 때도 잠잠하였다. 그러나 그는 요셉의 죽음에는 그의 감정을 숨길 수도 억제할 수도 없었다. 요셉이 그의 온 생애를 걸쳐 사랑했던 라헬의 분신이었기 때문일까? 요셉에 대한 그의 편애가 많은 가정문제를 야기했음에도 불구하고 그는 감정을 숨기지 못하였다.

식음을 전폐하고 애곡하는 친정아버지에게 그의 모든 딸들이 다가왔을 것이다. 딸들은 시집을 가도 항상 고개를 친정 쪽으로 돌리고 있으니까. 그 많은 딸들 속에는 아마 디나도 있을 것이다. 디나의 사건으로 시므온과 레위는 범죄하게 되고, 이것으로 야곱은 열두 아들에게 예언할 때 그들을 향해 이스라엘에서 흩어지리라고 말한다. 결국 시므온 지파는 미약한 존재로 흩어지게 되고 레위는 각 지파 속으로 분산되었다.

파라오를 만난 야곱은 자신의 삶이 험악하였다고 고백한다. 열두 지파의 아버지는 참으로 험악한 세월을 살았다. 가지 많은 나무 바람 잘 날 없다더니 야곱은 태중에서부터 험악한 삶이 시작되었다. 자기 형 에서와 속고 속이는 반목 가운데에서 먼 이국으로 도망가서 살고 외삼촌으로부터 계속 속고 만다. 그는 두 아내를 먼저 떠나보낸다. 두 첩에 관한 언급이 없는 것으로 봐선 아마 둘 모두 야곱보다 먼저 세상을 뜬 것으로 보인다. 그의 말대로 험악한 삶이라고 할 만하다.

그는 요셉에게 말한다. 하나님께서 가나안 땅을 자신의 후손들에게 주어 영존하는 소유가 되게 하리라고 말이다. 요셉은 이스라엘 자손에게 맹세시켜 이른다. '하나님께서 반드시 너희를 찾아오시리니 너희는 여기에서 내 뼈를 가지고 올라갈지니라'라고 말이다. 이들의 혜안과 하나님에 대한 신뢰와 믿음은 놀랍다. 아무나 믿음의 조상이 되는 것은 아니다. 야곱의 아들들은 아버지를 배반하기도 하고 섬기기도 하였다. 그리고 야곱의 딸들은 불명예스러웠던 디나 외에는 어느 누구도 언급되지 않았지만 야곱의 부침에 따라 그들도 울고 웃었을 것이다.

주치의

바울은 강한 믿음과 실천력이 있는 사람으로 내게는 아주 강한 사람으로만 인식되었다. 바울 서신들을 읽다가 그가 오히려 인간적인 연약함에 싸여있다는 사실을 깨달았다. 특히 몸이 약했던 부분이 그렇다. 그가 전도 여행을 다닐 때는 사람들이 그의 몸에 손수건이나 앞치마를 갖다 대곤 했다. 그 손수건이나 앞치마를 환자의 몸에 대는 순간 병은 쉽게 떠나갔다. 악한 영들도 환자의 몸에서 떨어져 나갔다.^{행 19:12} 바울은 셋째 하늘에 채여 올라가 말할 수 없는 말을 들었다. 하나님은 그에게 분량 이상으로 높여지지 아니하게 하시려고 육체의 가시를 주셨다. 사탄의 사자가 바울을 치게 했다고 하니 마치 욥이 병에 걸린 것과 같다. 바울과 어울리지 않지만 그의 주변에는 의외로 병든 동역자들이 많았다.

　빌립보 교회의 사역자인 에바브로디도가 그렇다. 그는
병들어 죽기에 이르렀다. 그는 자기의 생명을 돌보지 않
고 일했다. 당시의 빌립보는 대단히 큰 도시였다. 수년
전에 나는 그리스 빌립보에서 커다란 건축물의 돌기둥들
과 시장의 게임판, 그리고 로마로 향하는 길바닥에 찍힌
바퀴자국들을 보았다. 로마제국 치하의 도덕적 수준은
오히려 지금보다 더 악했을지도 모른다. 에바브로디도는
번화한 도시인 빌립보의 사역에 많은 애를 썼을 것이다.
빌립보서는 기뻐하라는 말이 아주 많이 나온다. 그 말의
의미를 이해할 수도 있을 것 같다. 빌립보 성도들은 그들
의 지도자인 에바브로디도의 병듦에 근심하고, 도시민의
팍팍한 삶을 살아서 바울이 그렇게 말했던 게 아닐까?

　또 아시아의 에베소에서 목회하던 디모데에게는 위장
병과 다른 질병이 있었다. 바울은 디모데에게 그 병을 위
하여 포도즙을 조금씩 쓰라고 말한다. 목회 경륜이 짧았
던 그에게 퇴폐적이고 화려했던 에베소에서의 사역은 얼
마나 버거웠을까? 에베소 셀수스 도서관 바로 앞에는 창
녀촌이 있다. 그곳에 발 모양의 광고판이 있다. 이것은

이 발 모양보다 발이 작은 자는 들어갈 수 없다는 표시였다. 아마 청소년 출입금지를 그렇게 표시했나 보다. 그런 곳에서 사역하던 연소한 디모데는 무척이나 힘이 들었겠다는 생각이 든다. 그래서 그런지 그도 나처럼 소화 기능이 약했나 보다. 바울은 그의 말년에 그와 함께 사역을 하던 이방인 드로비모를 병이 들어서 밀레도에 남겨두었다. 사역자들은 지나친 열심과 쉬지 못함과 궁핍으로 병이 든 것 같다. 많은 기적으로 다른 사람들의 병을 고쳤던 바울은 왜 자신과 또 자기와 함께한 사역자들의 병은 고치지 못했을까?

오직 누가만 나와 함께 있다는 말에서딤후 4:11 나는 퍼뜩 주치의를 떠올렸다. 논리적이고 세련되고 긍휼이 풍성한 누가가 항상 그와 함께하였다. 누가는 확실히 믿게 된 일들에 대하여 완전히 이해한 사람으로서 데오빌로 각하에게 글을 썼는데 그것이 누가복음이다. 누가복음은 병자에 관한 일들이 다른 복음서보다 많이 나온다. 그는 직업이 의사인 것으로 보아 논리적인 사람이었다. 누가복음을 보면 그는 사람에 대한 애정이 깊은 것으로 보여진다. 누가는 바울의 말년에 모든 사람들이 바울을 떠났을 때도 바울 곁을 지켰던 사람이다.

하나님은 바울의 육체의 가시를 없애는 대신에 바울에게 주치의를 허락하셨다. 히스기야의 종기 위에 무화과 한 덩이가 처방이었던 것처럼 기적 대신에 주치의 한 명을 붙여 주셨다. 사역까지도 나눌 수 있었던 가장 적절한 한 사람을 말이다. 그 주치의가 디모데의 포도즙 처방도 한 것은 아닐까? 바울의 주치의 생각을 하다가 엉뚱한 생각을 한다. 나에게도 주치의 아무개 박사님이 있으면 좋겠다.

분노

역대하를 읽으면서 분노하다가 망한 왕들을 보았다. 아사 왕은 유다의 우상 숭배를 척결하면서 깨끗한 나라 만들기에 혁혁한 공을 세운 왕이다. 하나님에 대한 열심이 대단하였던 왕이다. 그랬던 그가 전쟁할 때에 시리아 왕을 의지하였다. 그를 선견자 하나니가 책망하자 아사는 그에게 노하여 하나니를 감옥에 가두어버렸다. 대하 16:10

유다 왕 아마샤는 하나님의 사람의 말을 듣고 은 백 달란트로 샀던 이스라엘의 강한 용사를 전쟁에 투입하기를 포기하였다. 되돌려 보낸 그 이스라엘 군대가 크게 분노하여 집으로 돌아가다가 유다의 도시들을 덮치고 그들

중에서 삼천 명을 치고 물건을 많이 노략하였다. 한편 아마샤는 에돔과의 전쟁에서 에돔 족속 만 명을 바위 꼭대기에서 던지는 큰 승리를 하였다. 하지만 그는 세일 자손의 신들을 가져다가 자기의 신들로 세우고 그것들 앞에 엎드려 절하며 그것들에게 분향하였다. 하나님이 보낸 대언자를 향해 아마샤는 "그치라"라고 말한다. 그는 말년에 라기스로 도망을 가서 그곳에서 죽는다. 대하 25:16

웃시야는 하나님의 기이한 도우심을 받아 마침내 강해진 왕이다. 그는 예루살렘을 다시 견고하게 하고 망대를 세우고 우물을 팠으며 농사에도 각별한 관심을 기울이며 또 농사를 좋아하였다. 군사 장비를 정비하고 전쟁무기를 만들었고 군사들을 정예 부대로 키웠다. 그러나 그도 강하게 되자 마음이 교만해져서 성전에서 분향하려 하였다. 분향은 오로지 제사장만 할 수 있다는 제사장 아사랴의 말을 무시하였다. 아사랴의 권유를 무시한 채 화를 내며 분향을 고집하던 그는 이마에 나병이 솟아서 성전에서 쫓겨났다. 그는 죽는 날까지 외딴집에 거하였고, 그의 아들 요담이 그를 대신하여 나라를 다스리게 되었다.

아사 왕이나 웃시야 왕은 유다를 강하게 하고 선정을 베풀었던 왕들이다. 그러나 그들은 교만을 다스리지 못한 채 분노로 인하여 멸망하고 말았다. 기대를 모았던 아사 왕은 선견자 하나니를 통해 말씀하시는 하나님의 음성 듣기를 거절하였다. 아사는 그를 감옥에 가둘 뿐만 아니라 몇 백성을 학대하였다. 그가 하나님의 말씀을 깊이 생각하였더라면 그 분노는 오래가지 않았을 것이다. 혹시 삼 년 후에 발에 병이 생긴 것도 분노를 다스리지 못해서 그런 것은 아닐까? 그 분노는 더욱더 연장되어 하나님을 구하는 대신 그는 의사들만 찾았다. 그리고 삼 년 후에 조상들과 함께 잠들었다.

웃시야는 하나님의 기이한 도우심을 받아 마침내 강하게 되었다고 하였다. 백성들을 잘 다스렸다. 농사에 각별한 관심을 기울인 것으로 보아 그는 과격하였다고는 생각되진 않는다. 하지만 그가 강하게 된 후에 문제가 일어났다. 마음이 교만해졌다. 사람은 온유한 사람이든 하나님을 열심히 섬긴 사람이든 강하게 되면 누구나 마음속에 교만이 싹튼다. 그렇게 되면 다른 사람을 돌아보거나 하나님의 음성을 순종하기가 어려워진다. 분노한다는 것은 겸손함이 없기 때문이다. 자신이 강하다고 느끼는 사람은 다른 사람을 제대로 인식하지 못한다. 교만이 어느 틈에 들어와 그는 교만에 휘둘리게 된다. 교만은 다른 사람을 이해할 수 없고 다른 사람에 대하여 쉽게 분노한다.

훌륭한 자질을 가진 사람이 자신의 분노를 다스리지 못해서 안타깝게 되었다. 하나님께 민감해야 되는데 자신의 분노 때문에 주의 세미한 음성을 듣지 못하였다. 분노가 그들을 삼켜버렸다. 분노는 상대방에 대한 감정 폭발이다. 살아가면서 하나님께 대한 분노, 사람에 대한 분노를 잘 구별하여야 한다. 보이지 않는 그것이 나에게 치명상을 줄 수도 있으니 말이다.

요담과 건축

웃시야 왕의 아들 요담은 많은 건축을 하였던 왕이다. 그는 아버지 웃시야가 성전에서 분향을 하려다가 벌을 받아 나병 환자가 된 것을 보았다. 왕이었던 아버지는 제사장만 성전에서 하나님께 분향할 수 있는데 무모하게 분향하려다가 이마에 나병이 발하여서 성전에서 쫓겨났다. 그는 외딴 집에 거하면서 초췌하게 변해가는 아버지를 보았다. 그 일련의 사건들 속에서 얼마나 어둡고 두려운 시간들을 보냈을까를 생각하니 안쓰럽기도 하다.

요담 왕은 하나님의 성전을 대할 때마다 두렵지 않았을까? 그는 아버지를 따라서 주의 눈앞에서 올바른 것을 행하였으나 주의 성전에는 들어가지 아니하였다. 악을 행하지도 아니했지만 적극적인 영적 생활도 하지 않았던 것으로 보인다. 백성은 여전히 부정하게 행하였다고 하였으니 말이다. 그는 주의 집의 높은 문을 건축하고 오벨의 벽에 많은 것을 건축하며, 또 유다의 산들에 도시들을 건축하고 숲속에 성채들과 망대들을 건축하였다. 말하자면 왕의 권력으로 신도시들을 건축하였다.

로마의 권력자들은 그들의 당대에 건축물을 세우는 것을 의무로 여겼다. 대표적인 사람이 아우구스투스이다. 개선식이 끝나고 그는 카이사르에게 바치는 신전과 아폴로 신전과 원로원 의사당을 포로 로마노 중심부에 짓겠다고 결정했다. 그리하여 마르스 신전을 중심으로 하는 아우구스투스 포룸을 건설했다. 그는 또 로마인들이 공공사업으로 가장 중요하게 생각한 인프라스트럭처사회간접자본를 정비하였다. 옥타비아누스는 로마의 간선 도로인 플라미니아 가도를 자신의 돈으로 보수공사하였다 한다. 승리를 거둘 수 있도록 도와준 신들에게 감사를 표하고 승리로 얻은 명예를 공동체에 환원하기 위한 공공사업을 벌이는 것은 개선장군의 특권이며 책무였다.

로마에 가면 옛 로마의 건축물들이 위용을 자랑한다.

몇 년 전에 로마에 가서 실제로 보는 원형경기장의 거대함에 입을 다물지 못하였다. 베스파시아누스가 건설하기 시작하여 그의 아들인 티투스 황제가 개막식을 올렸다는 곳이다. 황제의 권력과 건축물이 나를 압도하였다. 그곳에 배를 띄워 해상 전투를 재현하거나 검투사들의 경기를 관람하였던 자리다. 몇 천 년이 지나도 없어지지 않는 건축물을 짓는 이유를 알 것 같았다. 돌로 지었음에도 불구하고 무너진 많은 건축물들이 있지만 황제나 왕들이 건축물에 큰 공을 들이는 이유가 자신이 오래 기억되고 싶어서일 거라고 생각했다. 그것이 르네상스 시대를 거쳐 지어진 성 베드로 성당이나 바울 성당 같은 건축물로 이어졌다. 현대에 와서는 마천루와 아파트들이다. 재료는 돌에서 철골이나 시멘트로 바뀌었다.

악티움 해전에서 승리한 옥타비아누스가 사회간접자본을 건설하고 건축물들을 세운 것은 이해가 된다. 요담 왕이 건축, 건축, 건축을 한 것은 무언가를 잊기 위함이 아니었을까 하는 생각이 든다. 아닐지도 모르겠지만 나는 왜 그런지 자꾸 요담 속에 있는 어떤 것이 마음에 걸린다. 통치를 잘하고 싶은 마음에서 많은 것을 세우고 건축하였지만 그는 하나님의 성전을 외면하였다. 자신이 그리하면 안 된다는 것을 알면서도 그는 아버지에 대한 슬픔과 두려움이 너무 컸던 것이 아닌가 싶다. 내 안의 두려움과 초조함을 잊기 위해 다른 것에 집착하는 것처럼 말이다.

살다 보면 만나고 싶지 않은 두려움, 만나고 싶지 않은 사람, 만나고 싶지 않은 거리, 만나고 싶지 않은 우연도 있다. 시편을 읽다가 시편의 기자들이 왜 그렇게도 많은 두려움을 이야기하는지 알 것 같다. 그들과 나도 똑같은 성정을 가진 사람이 아니던가. 인간은 얼마나 나약한 존재이던가!

구약은 사무엘 상하, 열왕기 상하, 역대 상하가 있다. 신약은 고린도 전후서, 데살로니가 전후서, 디모데 전후서, 베드로 전후서가 있다. 어느 날 딸이 나에게 물었다.

"왜 구약은 상하로 되어 있고 신약은 전후로 되어 있어요?"

"어? 아아. 구약은 역사를 기록했고 신약은 편지글이니까 먼저 보낸 편지, 나중에 보낸 편지가 있겠지."

한 번도 생각해보지 못했다. 무심코 그렇게 알고 있었다. 누군가가 질문을 할 때야 무엇인가를 생각해본다. 이 세상의 많은 일이 그렇다. 무엇이든지 정성을 들이는 것이 필요하다. 정성을 들이면 다시 생각하게 된다. 내가 만나는 사람들을 다시 생각하고 싶었다. 그 의미들을 붙잡고 싶었다. 성경을 읽으면서 한 인간의 환경과 인간관계와 마음을 생각한다. 그 인물들이 나와 똑같은 성정을 가진 사람인 것을 공감한다. 그와 하나님과의 관계를 생각해본다.

내 주변의 사람들을 생각한다. 남편이 목사인 나는 사모라는 이름으로 항상 동격으로 취급된다. 아마 그들이 나에게서 취하고 싶은 것은 목사의 영성보다는 사모의 인간적인 면모를 원할 것이라고, 지레짐작하며 살았다. 그 말은 맞기도 하고 아니기도 하다. 항상 누군가로부터, 무언가로부터 쫓기는 느낌이었다. 어딘가에 놀러 가서도 이렇게 놀아도 되는지 알 수 없었다. 기쁜 일이 있으면 이렇게 기뻐해도 되는지 알 수 없었다. 그런 내가 하나님의 자유를 향유하게 되었다.

이렇게 누구누구의 이야기를 썼다. 누구누구를 사랑한다고 말한다. 하나님이 내게 허락하신 슬픔이 내 몸에 들어왔다. 하나님이 내게 주신 기쁨이 내게 박혔다. 그것들은 조금씩 영양분이 되어갔다. 기쁨과 슬픔은 나에게서 흘러나와 또 다른 누구에게로 흘러갔다. 슬픔과 기쁨은 삶의 덩어리를 녹이는 눈물로 변했다. 하나님이 나에게 주신 것은 어느 것도 쓸모없거나 하잘것없는 것이 없다.
뒤돌아보면 감사의 열매가 된다.

　벧마아가의 아벨에서 요압은 그 도시를 에워싸고 도시
를 향하여 둑을 쌓았다. 그 둑은 도랑 위에 있었다. 요압과
함께한 온 백성이 성벽을 쳐서 허물어뜨리려 하였다. 그때
그 도시에서 한 지혜로운 여인이 외쳐 요압에게 말한다.
옛날에 사람들이 반드시 아벨에서 조언을 구하라 하였는
데 당신이 이스라엘에서 한 도시와 한 어머니를 멸하려
하느냐고 하였다. 요압은 결단코 그렇게 하지 아니하고
다윗을 반역한 비그리의 아들 세바만 넘겨주면 그 도시
를 떠나겠다고 한다. 세바의 머리를 받은 요압은 전쟁 종
료 나팔을 분다. 지혜로운 아벨의 여인은 분명한 일 처리
로 한 도시를 구하였다.
　다윗은 자기 자신이 죽게 되었을 때 솔로몬에게 당부
한다. 강건하여 스스로 남자임을 보이고 율법에 기록된
대로 하나님의 길로 걸으며 그분의 법규와 명령과 판단
의 법도와 증언을 지키라고. 요압이 자신에게 행한 일과
피를 흘린 일로 인하여 그를 용서하지 말라고 한다. 바르

실래의 아들들에게는 친절을 베풀라고 한다. 그를 저주했던 시므이를 무죄한 자로 여기지 말라고 한다. 그는 솔로몬을 세상에 내보내며 그가 할 일을 이르고 그를 축복한다. 솔로몬은 자기 아버지가 시킨 대로 정확하게 그 명령을 이행했다. 그렇게 함으로 나라를 굳건히 세웠다.

이 글이 단지 허공을 치는 글이 되지 아니하고 아벨의 여인처럼, 솔로몬의 명확한 일 처리처럼 정확한 복음을 알려주는 계기가 되었으면 한다. 단순하고 쉬운 복음이 쉽게 전해지길 바란다. 순간순간 썼던 글들을 이제 조금 더 넓은 세상으로 내보낸다. 흘러가다가 누군가에게 위로가 되고 누군가에게 공감을 받으면 좋겠다. 나와 똑같은 사람이 있음에 안심하면 좋겠다. 하나님은 멀리 계신 분이 아니라 내 곁에 계신 것임을 알 수 있었으면 좋겠다.

이 글을 쓰게 해주신 하나님께 감사드린다. 내 곁에 존재함으로 기쁨이 되는 남편과 이 글이 세상에 나오게 하고 격려를 아끼지 않은 키다리 아저씨에게 감사드린다.

일상의 곳곳에서 들려오는 성경 이야기,
우리가 잊고 살던 하나님의 말씀을 되새길 수 있는
뜻 깊은 명상시간이 되길 기원합니다.

권선복

| 도서출판 행복에너지 대표이사

　세계 최고의 베스트셀러는 '성경'입니다. 이것은 모든 사람들이 아는 사실입니다. 성경은 사람들에게 많은 영감을 주고 있습니다. 인류 역사가 시작된 날부터 기록된 성경은 역사책이며 하나님의 말씀을 담고 있는 복음서입니다. 역사를 영어로 'History'라고 합니다. 'History', 'His Story'. 그의 이야기라는 말입니다. 그렇다면 여기서 말하는 'HiHe'란 과연 누굴 뜻하는 말일까요. 그것은 바로 하나님입니다. 성경은 하나님의 이야기입니다. 하지만 성경을 통독한 자들은 많지 않아 보입니다. 기독교인들조차도 때론 어떤 방식으로 성경읽기에 접근해야 할지 알 수 없어 혼란스러워 하곤 합니다.

이 책을 쓰신 저자, 이옥진 님은 강동성서침례교회에서 25년 간 목사의 아내로 계셨습니다. 그분은 그곳에서 오랜 세월동안 계시면서 다양한 이웃들을 만나고, 그들과 기쁨과 슬픔을 함께 나누셨습니다. 저자님은 이 책을 통해 이웃들과의 따뜻한 정을 그리면서 그 속에 성경 이야기를 녹여내고 있습니다. 크리스찬이라면 교인으로서의 모습을 다시 한 번 돌아볼 수 있는 계기가, 또한 크리스찬이 아니라면 자신이 몰랐던 하나님의 역사에 눈 뜰 수 있는 계기가 될 것입니다.

신앙의 뿌리는 결국 말씀에 있습니다. 이 책은 일상에서 발견할 수 있는 성경말씀을 얘기하고 있습니다. 책을 읽다 보면, 하나님의 말씀이란 우리네 삶과 그리 멀리 떨어져 있지 않다는 사실을 알 수 있을 것입니다. 일상에서 맞이하는 임재의 순간들, 이 책은 그 순간들에 대한 기록입니다.

모래 위에 세워진 마음은 시련에도 크게 무너집니다. 하지만 말씀의 반석 위에 세워진 마음은 위기의 시간을 하나님의 말씀과 기도로 굳건히 버텨내는 법입니다. 세속적 욕망에서 벗어나 잠시나마 하나님의 말씀에 귀를 기울여 보는 건 어떨까요. 이 책『나부끼는 깃발은 사랑이었노라』와 함께하는 성경읽기가 여러분의 마음에 평온한 명상시간으로 찾아들길 기원합니다.